CLEAN EATING starter

JULIA FODOR & LUISA ECKHARD

CLEAN EATING starter

100 REZEPTE FÜR EIN NATÜRLICH GESUNDES LEBEN

Fotografie: Oliver Reetz

Foodfotografie: Nadja Buchczik

EMF

EIN BUCH DER
EDITION MICHAEL FISCHER

INHALT

🌿 = DIESE REZEPTE SIND VEGAN ODER BIETEN VEGANE VARIANTEN.

OUR CLEAN JOURNEY

{ MIT DIESEN VERÄNDERUNGEN KANNST DU RECHNEN }

- bessere Verdauung/Stoffwechsel
- klares Hautbild
- weniger Kopfschmerzen
- Blähbauch verschwindet
- mehr Energie = mehr Lust auf Sport = noch mehr Energie
- Gewichtsverlust
- besseres Geschmackserlebnis
- besserer Schlaf
- leichteres Aufstehen morgens
- gesteigertes Wohlbefinden
- erhöhte Konzentrationsfähigkeit
- und vieles mehr!

Migräne, Verdauungsprobleme, Blähbauch, Hautunreinheiten, lästige Pfunde, Konzentrationsschwierigkeiten und Antriebslosigkeit – kannst du dich mit einem dieser Begriffe identifizieren? Dann geht es dir wie zahlreichen anderen Menschen in unserer heutigen Zeit.

Durch die industrielle Entwicklung und die Veränderung unserer Lebensmittel durch raffinierten Zucker, Süßstoffe, künstliche Zusatz- und Konservierungsstoffe und vieles mehr hat sich unsere Ernährung deutlich verändert. Diese Stoffe sowie Bewegungsmangel sind für viele der oben genannten Beschwerden verantwortlich.

Auch wir hatten jahrelang mit einigen davon zu kämpfen, bis wir im Sommer 2012 Clean Eating entdeckten. Schon nach wenigen Tagen des Ausprobierens spürten wir die ersten Veränderungen und nach einigen Wochen war klar: Clean Eating ist die ideale Ernährungsform für uns.

Schnell steckten wir auch unsere Umgebung damit an, nicht zuletzt weil man uns die Veränderungen sowohl innerlich als auch äußerlich anmerkte. Für uns stand fest, Clean Eating noch weiter verbreiten zu wollen. Nach ein paar erfolgreichen Jahren als Fitness- und Ernährungsblogger haben wir uns nun mit diesem Buch unseren persönlichen Traum erfüllt.

In den folgenden Kapiteln möchten wir dir die wichtigsten Basics des Clean Eatings sowie wichtige Informationen zum Thema Bewegung näherbringen und dich hoffentlich auch zu einem begeisterten Clean Eater machen. Mit vielen Tipps und unserem Startprogramm für Ernährung und Sport wird dir der Einstieg in diesen Lebensstil garantiert leichtfallen!

Wir wünschen dir viel Spaß auf deiner Reise in ein gesundes Leben!

Luisa & Julia

GRUNDLAGEN

Was bedeutet es, sich clean zu ernähren? In diesem Kapitel findest du alles Wichtige zu den Themen gesunde Ernährung und Bewegung. Mit unserem Startprogramm gelingt dir die Umstellung zu einem cleanen Lebensstil garantiert!

ERNÄHRUNGSBASICS – DIE HAUPTNÄHRSTOFFE

Die drei Makronährstoffe Kohlenhydrate, Proteine und Fette bilden die Grundlage unserer Ernährung.

Bevor wir richtig in das Thema Clean Eating einsteigen, findest du hier alles Wichtige zu den drei Hauptnährstoffen, auch Makronährstoffe genannt. Nur wenn man weiß, was genau unsere Lebensmittel enthalten und welche Wirkung sie auf unseren Körper haben, kann man sie richtig einsetzen. Jeder Nährstoff hat in unserem Organismus Aufgaben zu erfüllen, damit alle Stoffwechselvorgänge reibungslos ablaufen können. Jeder Prozess, der in unserem Körper stattfindet, egal, ob Atmung, Herzschlag, Neubildung von Gewebe oder vieles mehr, erfordert Energie. Genau diese Energie nimmt der Körper über die Hauptnährstoffe auf. Um einen Mangel an lebensnotwendigen Nährstoffen zu vermeiden, ist es wichtig, sich vielseitig und gesund zu ernähren.

KOHLENHYDRATE

Cleane Ernährung hat nicht zwangsläufig mit einer kohlenhydratarmen Ernährung zu tun hat, wie es oft propagiert wird. Kohlenhydrate sind nicht grundsätzlich schlecht, egal, welches Ziel du mit deiner Ernährung erreichen willst.

LEBENSWICHTIGER ENGERIELIEFERANT

Kohlenhydrate sind essentiell für unseren Körper, da sie uns als Energielieferant dienen. Wir brauchen „Treibstoff", um alle lebenswichtigen Funktionen am Laufen zu halten. Jeder Mensch braucht hierbei ein gewisses Grundkontingent; je nachdem wie aktiv du bist – in der Freizeit oder im Beruf –, braucht dein Körper mehr oder weniger Kohlenhydrate.

In Glukose umgewandelte Kohlenhydrate sorgen für Energie.

Bei der Verdauung werden Kohlenhydrate in Glukose umgewandelt, welche entweder sofort für deinen aktuellen Energieverbrauch genutzt oder für später gespeichert wird. Sobald du aktiv bist, greift dein Körper auf diesen Speicher zurück, um dir die notwendige Energie zu liefern.

OBST UND GEMÜSE STECKEN VOLLER KOHLENHYDRATE

Wusstest du, dass jedes Obst und fast jedes Gemüse sowie alle Getreidearten der Gruppe der Kohlenhydrate angehören? Sie enthalten von Natur aus sehr viel Vitamin B, welches für die Energieproduktion innerhalb deiner Zellen unbedingt notwendig ist. Jede einzelne Zelle hat die Fähigkeit, Glukose in Energie umzuwandeln, aber den größten Anteil bei diesem Vorgang übernehmen die Muskeln. Je trainierter diese sind, umso besser können sie Glukose speichern und auch wieder verwerten. Das ist auch der Grund, wieso Leute, die regelmäßig Sport machen, sich weniger oft müde fühlen: Ihre Zellen können ihnen einfach besser und schneller Energie liefern. Also denk das nächste Mal, wenn du nach dem Training hundemüde bist, einfach daran, wie viel fitter du dich in Zukunft fühlen wirst!

Getreide enthält außerdem noch verschiedenste Mineralstoffe, welche für die Funktion deiner Muskeln notwendig sind. Ohne diese Energielieferanten wird dein Körper früher oder später auf Muskeln zurückgreifen. Aber nicht nur deine Muskeln freuen sich über Kohlenhydrate, auch dein Gehirn ist dringend darauf angewiesen. Es verbraucht rund 70 % deines Glukosespeichers, bei geistiger Anstrengung sogar bis zu 90 %. Das ist der Grund, warum man bei Prüfungen oft hungrig ist.

Obst und Gemüse können dir einen viel schnelleren Energieschub geben als Getreide, da sie je nach Sorte mehr oder weniger Glukose enthalten, welche der Körper sofort verwerten kann. Sie versorgen uns außerdem mit Antioxidantien, welche unsere Zellen schützen, mit energiespendender Glukose und Mineralstoffen für unser Immunsystem. Kohlenhydrate sind also für den Körper überlebensnotwendig, da sie ihn stark halten.

Obst und Gemüse sollten den Großteil deiner Ernährung ausmachen. Variiere einfach zwischen den zahlreichen Möglichkeiten, die uns Mutter Natur zu Verfügung stellt.

{ GEMÜSEPOWER }

Wurzelgemüse, welches unter der Erde wächst, hat einen **hohen Glukosespeicher**, da es alle Nährstoffe direkt aus dem Boden ziehen kann: z.B. Karotten, Kartoffeln, Süßkartoffeln, Rüben aller Art, Pastinaken usw.

Alle Sorten, welche **direkt auf der Erde** wachsen, enthalten zusätzlich viele **Antioxidantien, Mineralien und Vitamine**, da sie sich „sonnen können": z.B. Kürbisse und Zucchini.

Jedes **grüne Gemüse**, das über der Erde wächst, hat zusätzlich den Vorteil, dass es **Chlorophyll** enthält, welches unseren Säure-Basen-Haushalt unterstützt.

Die Sache mit den Kohlenhydraten hat aber natürlich auch einen kleinen Haken: Es ist wichtig, die bestmögliche Art von Kohlenhydraten zu sich zu nehmen. Hier haben wir eine kleine Übersicht von guten und weniger guten Kohlenhydrat-Quellen für dich zusammengestellt:

GUTE KOHLENHYDRATQUELLEN:

- Obst und Gemüse jeder Art
- Süßkartoffeln
- Kartoffeln
- Erbsen
- Bohnen
- Linsen
- Kichererbsen
- Vollkornprodukte
- Buchweizen
- Dinkel
- Roggen
- Hafer
- Hirse
- Quinoa
- Amaranth
- Naturreis
- Esskastanien
- Yamswurzel

SCHLECHTE KOHLENHYDRATQUELLEN:

- weißer Zucker, Rohrzucker
- Weißbrot
- Nudeln aus Hartweizengrieß
- weißer Reis
- Kekse, Kuchen, süßes Gebäck
- Kartoffelchips
- Limonaden und Säfte
- gezuckertes Müsli und Cornflakes
- Süßigkeiten
- Schokolade
- Alkohol

PROTEINE

Proteine werden im Körper zu Aminosäuren umgewandelt, welche wichtige Bausteine unseres Organismus sind. Wir brauchen sie, um Muskeln aufzubauen und um Zellen zu reparieren und zu regenerieren. Kein anderer Nährstoff kann diese Aufgabe übernehmen.

Proteine spielen eine große Rolle beim Muskelaufbau und bei der Regeneration von Zellen.

TIERISCHES VS. PFLANZLICHES PROTEIN

Man unterscheidet zwischen tierischem und pflanzlichem Eiweiß. Ersteres befindet sich in Fisch, Fleisch, Eiern und Milchprodukten. Pflanzliches Protein gilt als dem tierischen unterlegen, da es weniger essentielle Aminosäuren enthält. Man spricht davon, dass es eine geringere biologische Wertigkeit aufweist. Bei der Verdauung von tierischem Protein werden allerdings Säuren gebildet, die bei einer einseitiger Enährung zu einer Übersäuerung des Körpers führen können.

Gleichzeitig gibt es zahlreiche vegetarische Proteine, welche ebenfalls genug Aminosäuren liefern und gut zu verdauen sind. Hülsenfrüchte, Getreide und manche Pseudogetreidesorten wie Amaranth und Quinoa enthalten einen hohen Anteil an verschiedenen Aminosäuren. Richtig zusammengesetzt liefern sie ausreichend Proteine. Pflanzliches Protein hat gegenüber dem tierischen Eiweiß außerdem den Vorteil, dass man mit ihm weniger Fett als Begleitstoff aufnimmt.

Tierisches Eiweiß enthält oft ungesunde Fette. Genaueres erfährst du auf S. 17.

{ TIPP }

Ein ausgewogenes Verhältnis von pflanzlichem und tierischem Eiweiß ist ideal.

NÜSSE UND SAMEN

Jeder Samen enthält die Kraft, eine Pflanze entstehen zu lassen. Denke nur daran, wie aus einem kleinen Sonnenblumenkern eine riesige Blume wachsen kann. Verständlich, dass dafür Unmengen an Proteinen nötig sind, welche wir uns zunutze machen können. Auch alle Sorten von Nüssen sind eine gute Quelle und liefern zusätzlich noch essentielle Fettsäuren. Eine Liste der eiweißreichsten Nüsse und Kerne findest du unten.

SOJA

Soja ist eine beliebte pflanzliche Eiweißquelle. Anders als die beiden oben genannten Gruppen enthalten Sojabohnen alle acht Aminosäuren, welche nötig sind, um das Protein komplett zu machen. Bei Nebenprodukten wie Tofu oder Tempeh wurden diese Proteine zwar aufgebrochen, liefern aber trotzdem noch wichtige Aminosäuren. Verwende unbedingt Sojaprodukte aus biologischem Anbau.

{ PROTEINPULVER }

Proteinpulver sind nicht notwendig, um den herkömmlichen Eiweißbedarf zu decken. Solltest du diese trotzdem verwenden, achte auf die Zutatenliste. Die meisten Proteinpulver stecken voller künstlicher Zusätze.

GUTE PFLANZLICHE PROTEINQUELLEN:

- Bohnen
- Kichererbsen
- Linsen
- Erbsen
- Lupinen
- Quinoa
- Amaranth
- Buchweizen
- Hanfsamen
- Spirulina (Süßwasseralge)
- Sojabohnen und deren Erzeugnisse (Miso, Natto, Tempeh, Tofu)
- Nüsse und Samen
- Getreide
- Sprossen aller Art
- grünes Blattgemüse

DIE EIWEISSREICHSTEN NÜSSE UND SAMEN:

- Erdnüsse
- Kürbiskerne
- Pinienkerne
- Sonnenblumenkerne
- Mandeln
- Sesam
- Pistazien
- Cashewnüsse
- Walnüsse
- Haselnüsse
- Pekannüsse
- Paranüsse

FETTE

Auch Fette sind nicht die Wurzel allen Übels. Sie sind sozusagen die missverstandenen Geschwister der Kohlenhydrate.

GESUNDE FETTE

Jede unserer Zellen ist durch einen Fettmantel geschützt. Manche Vitamine können vom Körper erst in Kombination mit Fetten aufgenommen werden. Zudem sind sie für die Funktion von Hormonen und Enzymen unerlässlich. Nüsse, Samen wie z.B. Chia- und Leinsamen sowie hochwertige pflanzliche Öle sind hierfür gute Quellen. Gesunde Fette sorgen außerdem für ein natürliches Sättigungsgefühl.

Zur Aufnahme bestimmter Vitamine sind Fette unabdingbar.

UNGESÄTTIGTE FETTSÄUREN

Wichtig ist dabei, dass du deinem Körper essentielle ungesättigte Fettsäuren zuführst, welche vor allem aus pflanzlichen Quellen stammen. Alle Fette tierischen Ursprungs sind gesättigte Fettsäuren, welche als die „schlechten Fettquellen" gelten. Diese werden durch Hitzeeinfluss (z.B. kochen, braten) beschädigt und können unter anderem zu Arterienverstopfung führen. Sie fördern außerdem Entzündungen und sind säurebildend. Sodbrennen, Kopfschmerzen oder Hautprobleme können unter Umständen Anzeichen für einen zu großen Verzehr von gesättigten Fettsäuren sein. Vermieden werden sollten außerdem frittierte Lebensmittel, Butter und fettreiche Käsesorten.

Gesättigte Fettsäuren können dem Körper schaden und werden für eine Vielzahl von Beschwerden mitverantwortlich gemacht.

GUTE FETTE

- Avocado und Avocadoöl
- Nüsse
- Samen (z.B. Chia- und Leinsamen)
- Kokosöl
- Olivenöl und Oliven
- Algen
- Raps-, Lein-, Soja- oder Walnussöl
- Fisch (z.B. Makrele, Lachs, Thunfisch, Hering und heimische Kaltwasserfische)

FLÜSSIGKEIT

Dass viele Menschen nicht genug Wasser trinken, hast du sicherlich schon einmal gehört. Die empfohlene Tagesmenge liegt je nach Körpergröße und Alter bei 1,5–3 Liter pro Tag. Eine Faustregel besagt, dass man einen Liter pro 25 kg Körpergewicht zu sich nehmen sollte, allerdings gibt es keine Anzeichen dafür, dass etwas mehr Wasser ungesund ist – es sei denn, man leidet an Nierenversagen oder Herzbeschwerden.

Je nach Körpergröße und -gewicht solltest du täglich 1,5–3 Liter Flüssigkeit zu dir nehmen.

Aber warum ist Wasser eigentlich so wichtig für deinen Körper, warum hilft es gegen Hunger und eventuell sogar beim Abnehmen? All diesen Fragen gehen wir im Folgenden auf den Grund. Außerdem erklären wir dir, warum Saft und Alkohol nicht als ausreichender Flüssigkeitsersatz gelten und wie du dein Wasser schmackhafter machen kannst.

WASSER ALS LEBENSELIXIER

Je nach Alter und Geschlecht bildet Flüssigkeit bei 50–60 % des menschlichen Körpers, bei Neugeborenen liegt der Wasseranteil sogar bei 80 %. Jeden Tag gibt ein erwachsener Mensch im Schnitt mehr als zwei Liter Wasser ab; du schwitzt es aus, atmest es aus und zu guter Letzt scheidest du es auch über deine Blase aus. Da muss ständig Nachschub her! Denn schon ab dem Verlust von 0,5 % des Gesamtkörperwassers (= der in den Flüssigkeiten in und außerhalb der Zellen befindliche Wasseranteil) setzt der Durst ein, ab 20 % besteht sogar Lebensgefahr.

Dehydration kann einen direkten Einfluss darauf haben, wie unser Gehirn funktioniert. Trinkst du zu wenig Wasser, kann es passieren, dass du dich nicht richtig konzentrieren kannst und deine kognitive Leistungsfähigkeit eingeschränkt wird.

{ TIPP }

Ein wichtiges Indiz dafür, dass du genug getrunken hast, ist die Farbe deines Urins. Die allgemeine Regel lautet: Je heller, desto besser!

GESUNDE FLÜSSIGKEITSSPENDER

Auch wenn Saft und Alkohol Flüssigkeiten sind, ist und bleibt Wasser die einzig wahre Flüssigkeit, die der Körper für den Stoffwechsel und damit für die Regulierung des Wasserhaushalts benötigt. Ungesüßter Tee ohne Zusatzstoffe sowie „Infused Water" (siehe Rezepte auf S. 162) können problemlos einen Teil der täglichen Flüssigkeitsmenge ausmachen, sollten aber nicht mit Fruchtsäften oder Smoothies verwechselt werden.

ALKOHOL LIEBER MEIDEN

Alkohol hingegen ist eine Alltagsdroge, die oft in zu großer Menge konsumiert wird, als Zellgift funktioniert und praktisch alle Organsysteme des Körpers schädigt. Zudem entzieht Alkohol dem Körper Flüssigkeit (bis zu viermal die Menge Wasser pro alkoholischem Getränk), was bei einem Kater zu Kopfschmerzen durch Dehydration führt. Denn die körperlichen Organe versuchen den Verlust von Wasser im Körper auszugleichen, indem sie es vom Gehirn wegnehmen und es somit tatsächlich schrumpfen lassen. Dass Alkohol nicht gerade gesund ist für deinen Körper, weißt du sicherlich; dass es aber tatsächlich längere körperliche sowie psychische Schäden mit sich bringen kann, ignorieren die meisten. Auch wir trinken ab und zu Alkohol, versuchen aber immer viel Wasser währenddessen oder zumindest danach zu uns zu nehmen.

Wasser, ungesüßter Tee sowie „Infused Water" sind gesunde und leckere Durstlöscher.

{ ANZEICHEN FÜR WASSERMANGEL }

- Kopfschmerzen
- Durst
- geschwollene Hände und Füße

Bei Wassermangel fährt der Körper eine sogenannte Überlebensstrategie und behält das vorhandene Wasser für die wichtigsten Körperfunktionen und Organe ein.

Wasser bremst vermeintliches Gefühl von Hunger und fördert die Entgiftung des Körpers.

SO WIRD TRINKEN ZUM GESCHMACKSERLEBNIS

Aber nun zu ein paar Tipps und Tricks, wie du deinen Wasserkonsum steigern und geschmacklich etwas aufpeppen kannst. Denn nicht jeder mag Leitungswasser oder einfaches Sprudelwasser. Unser Tipp ist Infused Water, das heißt Wasser mit natürlichen Geschmacksverstärkern wie Zitronenscheiben, gefrorenen Beeren oder Minze etwas aufzufrischen und geschmacklich zu intensivieren. Auch natürliche Tees und Ingwer sind eine schmackhafte Alternative.

Bei Säften solltest du immer darauf achten, dass keine Zusatzstoffe enthalten sind und dass du nicht zu viel davon trinkst, da Säfte bei zu hohem Konsum zu Gewichtszunahme führen können. Auch industriell hergestellte Eistees, Fruchtwasser und Soft Drinks sollten bei einer cleanen Ernährung von der Einkaufsliste gestrichen werden. Im Rezeptteil findest du noch einige tolle Ideen und Anregungen, sodass du deine überzuckerten Softgetränke schon nach kurzer Zeit nicht mehr vermissen wirst.

WASSER ALS SCHLANKMACHER

Beim Abnehmen hilft Wasser bekanntlich wegen des erhöhten Sättigungsgefühls. Wer vor den Mahlzeiten ein Glas Wasser trinkt, wird schneller satt. Hast du nämlich schon Wasser in deinem Magen, passt weniger Essen hinein. Auch als kleine Hungerbremse zwischendurch hilft Wasser, denn oft verwechseln wir Hunger mit Durstgefühl. Ein weiterer wichtiger Grund für den positiven Effekt von Wasser auf den Gewichtsverlust ist die erhöhte Stoffwechselaktivität. Zusätzlich unterstützt Wasser die Nieren dabei, Abbauprodukte schneller loszuwerden, was besonders während einer Abnehmphase sehr wichtig ist.

Übrigens: Wassereinlagerung, die oft mit Fett verwechselt werden, lassen sich durch viel Trinken wieder aufheben. Tipps zum Verlust der Wassereinlagerungen erhältst du im Kapitel Detox (siehe S. 43).

{ SO STEIGERST DU DEINEN WASSERKONSUM }

Stelle immer eine Karaffe mit Wasser, einen großen Trinkbecher oder eine Flasche bereit! Auch ein Strohhalm hilft, mehr zu trinken.

CLEAN EATING – DAS GRUNDPRINZIP

Das Grundprinzip von Clean Eating ist schnell erklärt: Versuche, möglichst natürliche und unverarbeitete Lebensmittel zu dir zu nehmen. Dabei geht es nicht darum, Clean Eating als Diät zu sehen, sondern langfristig die Ernährung umzustellen und auf eine gesunde Lebensweise zu achten.

DARAUF KOMMT ES AN

Eine gesunde und ausgeglichene Ernährung ist eine der Basissäulen der Gesundheit. Im Folgenden erfährst du, was Clean Eating im Einzelnen bedeutet und welche Dinge du beherzigen solltest.

BEWUSST EINKAUFEN

Der wichtigste Punkt ist bewusst einzukaufen. Wenn du in den Supermarkt gehst, nimm die Lebensmittel in die Hand und lies die Zutatenliste.

Oft enthalten Lebensmittel sogenannte E-Nummern. Das sind von der Europäischen Union zugelassene Zusatzstoffe, die helfen sollen, das Produkt länger haltbar zu machen, die Farbe appetitlicher aussehen zu lassen oder aber auch die Produktion der Lebensmittel zu erleichtern. Die verwendeten Zusatzstoffe müssen zwar von der zuständigen EU-Kommission als gesundheitlich unbedenklich eingestuft werden, um zugelassen zu werden, dennoch ist bei vielen nicht eindeutig, welche Wirkung sie in unserem Körper haben bzw. welche Wechselwirkung sie in Kombination auslösen können. Einige werden sogar mit Allergien, Unverträglichkeiten oder anderen Krankheiten in Verbindung gebracht.

Sogar harmlos wirkendes Brot, bei dem man denken würde, es bestehe nur aus Hefe, Mehl, Wasser und Salz, ist oftmals voller Zusatzstoffe. Es werden Backmischungen verwendet, die mit Enzymzusätzen, Hochleistungsemulgatoren und Aromaverstärkern versetzt sind, die nicht einmal deklariert werden müssen. Lies dir beim Brotkauf die Inhaltsstoffe sehr genau durch und lass dich nicht von dem Begriff „Vollkorn“ täuschen.

{ AUF EINEN BLICK }

- bewusst einkaufen
- vorbereiten und planen
- künstliche Aroma-, Farb- und Konservierungsstoffe und Geschmacksverstärker meiden
- unbehandelte frische Lebensmittel verwenden
- Gemüse und Obst aus biologischem Anbau kaufen
- auf Diät- und Light-Produkte verzichten
- nach Gefühl essen
- raffinierten Zucker vermeiden; auf natürliche Süße zurückgreifen
- Salz reduzieren
- mit Gewürzen experimentieren

Industriell gefertigte Lebensmittel spielen uns oftmals Geschmackswelten vor, die es auf natürliche Weise gar nicht gibt.

Biologisch angebautes Obst und Gemüse schont die Umwelt und versorgt dich mit den nötigen Vitaminen.

FRISCHES UND BIOLOGISCH ANGEBAUTES OBST UND GEMÜSE

Clean Eater bleiben der Natur treu und ernähren sich von Nahrungsmitteln, die bereits unseren Großmüttern zur Verfügung standen: Vollkommen unbehandelte, frische Lebensmittel. Da in unsere Gerichte viel Obst und Gemüse kommt, ist es wichtig, deren Herkunft zu kennen. Auch hier empfehlen wir dir, nachzulesen und gegebenenfalls nachzufragen.

Am besten sind biologisch angebautes Obst und Gemüse. Bei der Öko-Landwirtschaft wird auf Chemie verzichtet und Ressourcen wie Wasser und Erde werden geschont. Natürlich ist man manchmal in einem Zwiespalt, wenn man sieht, woher manche Bio-Lebensmittel kommen, und muss abwägen, ob einem die Größe des ökologischen Fußabdrucks aufgrund der zurückgelegten Kilometer oder der biologische Anbau wichtiger ist. Im Zweifelsfall kannst du einfach eine andere Art von Obst und Gemüse, welches gerade Saison hat und aus der Region stammt, nehmen.

EIN GESUNDES GEWICHT

Wenn du clean leben willst, versuche Diät- und Light-Produkte von deiner Einkaufsliste zu streichen. Du musst beim Clean Eating nur logisch denken: Sobald einem industriell gefertigten Produkt Zucker und Fett weggenommen werden, muss ihm natürlich wieder viel beigemischt werden, um das Geschmackserlebnis, das du gewohnt bist, zu erhalten.

Dabei ist die Rechnung so einfach: Um langfristig schlank (nicht dürr oder dünn) zu sein, müssen die Kalorien, die du zuführst, ungefähr dem entsprechen, was du verbrennst. Das bedeutet jedoch nicht, dass wir beim Clean Eating propagieren, ständig Kalorien zu zählen. Iss, wenn du hungrig bist, hör auf, wenn du genug hast. Hast du an einem Tag mehr Sport gemacht, ist es also auch vollkommen normal, dass du vielleicht hungriger bist als an einem Tag, an dem du nur zu Hause sitzt. Jeder Mensch hat einen gewissen Grundumsatz an Kalorien, den er nur dadurch verbraucht, indem er lebt, atmet und denkt. Daher kannst du auch an Tagen, an denen du keinen Sport machst, ganz normal essen. Viele Menschen denken, sie würden nur dünn bleiben bzw. abnehmen, wenn sie unter ihrem Kalorienumsatz bleiben, das ist allerdings eine falsche Gleichung und kann dauerhaft sehr gefährlich werden.

Vermeide Diät- und Lightprodukte, Sie stecken voller künstlicher Süßungsmittel und Zusatzstoffe.

AUCH SÜSSES IST ERLAUBT

Natürlich hat man auch bei Clean Eating einmal Gelüste nach Süßem. Das ist absolut okay. Gönn es dir! Es gibt nur eine Bedingung: Sei dabei kreativ. Überlege dir Alternativen, die ohne Zusatzstoffe auskommen. Im Rezeptteil haben wir für diese Situation zahlreiche Ideen gesammelt.

Bei Clean Eating versuchen wir, auf raffinierten Zucker zu verzichten. Dieser ist fast überall enthalten: in Säften, Limonaden, Ketchup, Keksen und allerlei Fertiggerichten. Der Industriezucker wird aus der Zuckerrübe hergestellt, welche per se nicht ungesund ist, denn sie enthält viele Ballaststoffe, Vitamine und Mineralien. Der Zucker wird allerdings so extrahiert, dass nur noch Kohlenhydrate übrigbleiben, welche der Körper aufgrund der fehlenden Vitalstoffe nur schwer verarbeiten kann.

Keine Sorge, bei Clean Eating gibt es unglaublich viele Substitute, die auf natürlicher Basis einen süßen Geschmack in dein Essen zaubern.

{ TIPP }

Wenn du dich einmal mit deinem Gewicht nicht wohlfühlst, treibe einfach ein wenig Sport, anstatt eine Mahlzeit ausfallen zu lassen.

Durch den Einsatz von Gewürzen kannst du deinen Salzkonsum reduzieren.

GEWÜRZE UND SALZ

Um deine Ernährung noch abwechslungsreicher zu gestalten, empfehlen wir, Gewürze einzusetzen. Es gibt so unglaublich viele Möglichkeiten, Essen geschmacklich zu intensivieren. Die asiatische Küche beispielsweise bietet Aromen, die es Wert sind, ein wenig mit ihnen zu experimentieren. So kannst du auch deinen Salzkonsum ein bisschen reduzieren und hast trotzdem das volle Geschmackserlebnis. Wenn du selber kochst, kannst du auch in dieser Hinsicht sehr viel ausprobieren. Solltest du zu fertigen Gewürzmischungen greifen, achte darauf, dass sie kein Salz und keine künstlichen Aromen enthalten.

VORBEREITUNG IST DAS A UND O

Vor allem wenn man unterwegs ist, kann es oft einmal schwierig sein, clean zu essen. Deshalb bauen wir auf Vorbereitung. Wenn du weißt, dass du in der kommenden Woche wenig Zeit haben wirst zu kochen, mache doch gleich die dreifache Menge Quinoa. Für ein paar Tage lässt es sich super im Kühlschrank aufbewahren und mit ein paar frischen Zutaten auch kalt als Salat genießen.

{ TIPP }

Versuche deinen Salzkonsum zu reduzieren, indem du alternativ eine halbe Zitrone, Limette oder frische Kräuter verwendest.

NACH GEFÜHL ESSEN

Tosca Reno, die Urgründerin des Clean Eatings, propagiert in ihren Büchern sehr oft, man solle bis zu sechsmal pro Tag essen. Wir von Our Clean Journey denken allerdings, dass man sich bei den Essensportionen bzw. Essenszeiten nichts vornehmen sollte. Wir können es nicht oft genug sagen: Iss, wenn du hungrig bist, und hör auf, wenn du satt bist.

Manchmal fällt es allerdings leichter, diese Hunger- und Sättigungsgefühle wieder zu erlernen, wenn man damit beginnt, pro Mahlzeit weniger zu essen, und dann darauf achtet, wie lange das Sättigungsgefühl anhält. Je nach Person wird dies bei dem einen länger als beim anderen anhalten – wenn du nach einer Stunde erneut Hunger hast, iss etwas, wenn nicht, dann warte, bis dein Hungergefühl wieder eintritt. Unterscheide hier jedoch zwischen einem Hungergefühl, Durst oder Langeweile. Durch eine zu geringe Wasseraufnahme wird ein eigentliches Durstgefühl oft mit Hunger verwechselt. Hör einfach auf dich und deinen Körper und gib ihm, was er braucht: natürliches frisches Essen und viel Wasser.

Es ist ganz einfach: Iss, wenn du hungrig bist, und hör auf, wenn du satt bist.

CLEGAN

Wir von Our Clean Journey ernähren uns, so gut es geht, vegan. Aus unserem cleanen und veganen Lebensstil hat sich der Begriff und unsere heute Ernährungsweise „clegan" entwickelt. Wir kennen die Inhaltsstoffe pflanzlicher Lebensmittel sehr gut und wissen, wie wir uns ernähren müssen, um keine Mangelerscheinungen durch die vegane Ernährung zu bekommen. Wir fühlen uns gut damit, aber wir wollen nicht missionieren.

Der Begriff „clegan" bezeichnet eine cleane und gleichzeitig vegane Ernährungsweise.

FLEISCH, FISCH UND EIER – DIE HERKUNFT IST ENTSCHEIDEND

Wenn du gerne Fleisch isst, dann tu es auch weiterhin, aber achte unbedingt auf die Herkunft. Es ist wichtig zu wissen, woher das Fleisch, der Fisch oder auch die Eier kommen, die du deinem Körper zuführst. Industriell abgepacktes Fleisch beinhaltet oft allerhand Antibiotika, die du beim Verzehr aufnimmst. Wenn du deinem Körper übermäßig viel Antibiotikum zuführst, kann es sein, dass dein Körper sich so sehr daran gewöhnt, dass es bei einer tatsächlichen Erkrankung nicht mehr hilft.

{ ACHTE AUF DIE HERKUNFT VON FLEISCH }

Vor allem in einer Großstadt ist es oftmals schwer, an qualitativ hochwertiges Fleisch zu kommen. Um auf Nummer sicher zu gehen, suche dir am besten einen Metzger oder Bauern in deiner Umgebung, dem du vertraust.

VERZICHT AUF MILCH UND MILCHPRODUKTE

Als Veganer und Vegetarier trinken wir auch keine Kuh-, Schaf- oder Ziegenmilch. Erstens wollen wir die oft zu starke Ausbeutung der Tiere nicht unterstützen und zudem haben wir gemerkt, dass unser Körper sehr positiv auf diese Veränderung reagiert hat. Wenn wir aber in unseren Rezepten „Milch deiner Wahl" schreiben, bedeutet das, dass du natürlich auch Kuhmilch verwenden kannst. Wir empfehlen dir allerdings, es auch einmal einige Zeit ohne Milchprodukte zu versuchen und dich von den Ergebnissen überzeugen zu lassen.

STARTPROGRAMM

In diesem Kapitel zeigen wir dir, wie du dein neues cleanes Leben beginnst. Hier findest du die wichtigsten Punkte, die zu beachten sind, und Dinge, die du dir gut einprägen solltest.

KOCHE SELBST UND FRISCH

Wer seine Mahlzeiten selbst zubereitet und Herkunft und Inhaltsstoffe der verwendeten Zutaten kennt, weiß am besten Bescheid, was auf dem Teller und letztendlich im eigenen Körper landet.

ACHTE AUF DIE INHALTSSTOFFE

Ganz einfach: Wenn du eine Zutat nicht aussprechen kannst oder sie nur aus Nummern besteht – nicht kaufen! Solltest du Dosenprodukte verwenden, dann wähle solche ohne Zusatzstoffe und Zucker. Du erhältst sie im Reformhaus oder im Bioladen.

VERMEIDE RAFFINIERTE LEBENSMITTEL

Raffination bedeutet in der Lebensmittelindustrie Aufbereitung und Reinigung. Hauptsächlich betrifft das Zucker und Mehl, aber auch Öle und Fette. Unser Körper verarbeitet allerdings raffinierte Lebensmittel ganz anders als vollwertige. Bei der Verdauuung von industriell verarbeiteter Nahrung wird zum Beispiel oft zu viel Dopamin ausgeschüttet, was zu Heißhunger-Attacken führen und Organe und Knochen schädigen kann.

ISS MEHRERE KLEINE MAHLZEITEN PRO TAG

In unserer Gesellschaft wächst man mit dem typischen Frühstück-Mittagessen-Abendbrot-Prinzip auf. Wir denken, es ist besser, auf seinen Körper zu hören und darauf zu achten, wann man wirklich hungrig ist. Lieber öfter am Tag essen und dafür wirklich nur, bis man satt ist.

FRÜHSTÜCKE JEDEN TAG

Wenn deine Oma immer gesagt hat: Das Frühstück ist die wichtigste Mahlzeit des Tages, dann hatte sie damit gar nicht so unrecht. Natürlich ist jede Mahlzeit wichtig, aber das Frühstück bringt den Stoffwechsel in Gang und hilft dir zu einer gesunden Routine.

{ DOSENPRODUKTE }

Um den Kochaufwand zu minimieren, verwenden wir in unseren Rezepten Kichererbsen, Bohnen und Mais aus der Dose. Ideal wäre es natürlich, wenn du zu der frischen Variante greifst. Denke dann aber daran, längere Einweich- und Kochzeiten mit einzurechnen. Bei Dosenprodukten musst du unbedingt darauf achten, dass sie keine Zusatzstoffe und Zucker enthalten.

KOMBINIERE KOMPLEXE KOHLENHYDRATE MIT GESUNDEN FETTEN

Übersetzt bedeutet das, am besten Vollkornprodukte gemeinsam mit pflanzlichen Fetten wie Olivenöl oder auch Avocados zu verzehren.

REDUZIERE DEINEN FLEISCHVERZEHR

Auch wenn wir uns größtenteils vegan ernähren, wollen wir dich auf keinen Fall dazu zwingen, auf Fleisch und tierische Produkte zu verzichten. Das ist eine Entscheidung, die jeder für sich selbst treffen muss. Wenn du allerdings Fleisch isst, empfehlen wir dir, es auf einmal die Woche zu reduzieren und unbedingt auf die Herkunft zu achten. Nicht nur dir, sondern auch der Umwelt und den Tieren zuliebe.

REDUZIERE DEINEN SALZKONSUM

Salz per se ist nicht schlecht. Es ist ein wichtiges Mineral, das für Verdauung und Knochenaufbau notwendig ist. Dennoch kann zu viel Salz zu Bluthochdruck und unerwünschten Wassereinlagerungen führen.

KÜNSTLICHE SÜSSSTOFFE SIND VERBOTEN

Viele Menschen verwenden Aspartam oder andere künstliche Süßstoffe als Zuckerersatz, um Kalorien einzusparen. Da wir bei Clean Eating aber vollkommen auf künstliche Lebensmittel verzichten und Aspartam obendrein Auslöser für Krankheiten wie Kopfschmerzen und Depressionen sein kann, verwenden wir lieber natürliche Süßungsstoffe wie Ahornsirup, Agavendicksaft, Kokosblütenzucker und Datteln.

TRINKE AUSREICHEND WASSER

Zu einer gesunden Ernährung gehört auch eine ausreichende Flüssigkeitsaufnahme. Hierbei empfehlen wir dir hauptsächlich Wasser zu trinken, da du durch Säfte oder Limonaden nur unnötig viel Zucker aufnimmst.

TREIBE REGELMÄSSIG SPORT

Dieser Punkt hat zwar nichts mit deiner Ernährung zu tun, aber das Konzept des Clean Eatings soll ja auch weitergehen. Es soll dir ganzheitlich zu einer gesünderen Lebensweise verhelfen und dazu gehört auch regelmäßige Bewegung, und sei es nur ein täglicher Spaziergang.

{ PLANUNG }

Vorbereitung und Planung sind beim Clean Eating das A und O. Ebenso ist es hilfreich, Mahlzeiten für den nächsten Tag oder die gesamte Woche vorzubereiten. Clean Eater bezeichnen dies als „Food Prepping".

ALTERNATIVEN FÜR DIE EINSTIEGSPHASE

Wir wissen, wie schwierig die Umstellungsphase sein kann und wie sehr man anfangs gewisse Lebensmittel vermisst. Damit du aber nicht in Versuchung kommst, haben wir in der folgenden Tabelle ein paar tolle Alternativen für dich gesammelt.

SCHOKOLADE	Zartbitterschokolade
WEISSBROT	Vollkornbrot ohne Zusätze
NUDELN AUS HARTWEIZENGRIESS	Vollkornnudeln, Buchweizennudeln, Maisnudeln
TIEFKÜHLPIZZA	selbst gemachter Pizzateig (S. 124), belegt nach Lust und Laune
CORNFLAKES	Oatmeal Varianten (S. 52–57)
SÄFTE UND LIMONADE	Infused Water (S. 162)
RAFFINIERTER ZUCKER	Agavendicksaft, Kokosblütenzucker, Datteln
WEISSMEHL	Vollkornmehl, Dinkelmehl, Hafermehl
MÜSLIRIEGEL	Granola Bar (S. 138), Powerballs (S. 128)
NUTELLA	Haselnuss-Kakao-Aufstrich (S. 72)
FRUCHTGUMMI	Trockenobst
CHIPS	selbst gemachtes Popcorn, Gemüsesticks, selbst gemachte Gemüsechips (S. 132)
ENERGIEDRINK	Grüner Tee
FRUCHTJOGHURT	Naturjoghurt mit frischen Früchten
KUCHEN	glutenfreie Brownies (S. 158)
FRISCHKÄSE DOPPELRAHMSTUFE	Baba Ganoush, Hummus (S. 134)
WEISSER REIS	Quinoa, Hirse, Amaranth, Naturreis
BUTTER (ALS BROTAUFSTRICH)	reife Avocado
KUHMILCH	ungesüßte Mandel-, Kokos-, Hafer-, Reismilch
SALZ	Zitronen-, oder Limettensaft, Gewürze
KETCHUP	passierte Tomaten
KAFFEE	Matcha-Tee, Matcha Latte (S. 165)

EINKAUFSLISTE FÜR ZU HAUSE

Wir wollen dir auf keinen Fall vorschreiben, was du einkaufen sollst. Du wirst sicher selbst nach und nach erkennen, was du brauchst, wenn du clean kochst. Jeder hat seine eigenen Vorlieben, aber die folgenden Produkte sind eine gute Basis, um sich clean zu ernähren.

GETREIDE- UND SCHEIN-GETREIDE-PRODUKTE:

Vollkornnudeln

Naturreis

Quinoa

Amaranth (gepoppt und ungepoppt)

Hirse

Haferflocken

Buchweizenflocken

Grünkern

Dinkel

KERNE UND SAMEN:

Chia-Samen

Leinsamen

Hanfsamen

Sonnenblumenkerne

Kürbiskerne

Sesamsamen

Pinienkerne

EIWEISSLIEFERANTEN:

Linsen

Bohnen

Kichererbsen

Pflanzenmilch (Mandel-/ Reis-/ Hafer-/ Haselnussmilch)

Tofu

Bio-Eier

Nüsse aller Art (ungesalzen und ungeröstet)

Nussmus (Cashew-/ Mandel-/ Haselnussmus etc.)

ESSIG & ÖLE:

Olivenöl

Kokosöl

Balsamico

Apfelessig

SÜSSUNGSMITTEL:

getrocknete Früchte (Datteln, Feigen, Pflaumen)

Agavendicksaft

Ahornsirup

Kokosblütenzucker

Honig

GEWÜRZE:

Basilikum

Petersilie

Chili

Pfeffer

Zimt

GERÄTE:

Pürierstab

leistungsstarker Mixer

BEISPIELWOCHE ERNÄHRUNG

Die Anzahl der Mahlzeiten sowie Snacks kann je nach Person und körperlicher Aktivität variieren. Unsere Beispielwoche ist nur eine der vielen Möglichkeiten, wie du deine Mahlzeiten gestalten kannst. In unserem Rezeptteil findest du noch zahlreiche andere Rezeptideen. Halte dich einfach an die wenigen Regeln des Clean Eatings und lass deiner Kreativität freien Lauf.

	MONTAG	DIENSTAG	MITTWOCH
FRÜHSTÜCK	PORRIDGE SEITE 52	BAKED OATMEAL SEITE 57	VOLLKORNBROT MIT AVOCADO UND EI SEITE 70
VORMITTAGS-SNACK			ORANGER SMOOTHIE SEITE 50
MITTAGESSEN	WILDLACHS MIT ERBSENPÜREE SEITE 108	WILDLACHS DESSERT: KIWI-GOJI-SCHOKO-POPSTICKLES SEITE 144	FRIKADELLEN MIT ROTE-BETE-SALAT SEITE 110
NACHMITTAGS-SNACK	ROTER SMOOTHIE SEITE 48	1 APFEL MIT NUSSMUS SEITE 135	
ABENDESSEN	KARAMELLISIERTER BIRNEN-LINSEN-SALAT SEITE 92 DESSERT: 1 CLEAN-EATING-COOKIE SEITE 154	SUMMER ROLLS SEITE 106	GRÜNE CARPRESE MIT BROT SEITE 88 DESSERT: OBSTSALAT MIT ORANGEN-CHIA-SIRUP SEITE 151

DONNERSTAG	FREITAG	SAMSTAG	SONNTAG
GRÜNER SMOOTHIE SEITE 48 ODER 51	SCHOKOLADEN-DINKELGRIESSBREI SEITE 58	OMELETTE MIT LAUCH UND FETA SEITE 77	VEGANE PANCAKES SEITE 64
4 POWERBALLS SEITE 128			1 GRANOLA BAR SEITE 138
SALBEI-PASTA MIT KÜRBIS UND RICOTTA SEITE 102 DESSERT: GEFRORENE JOGHURT-BEEREN SEITE 147	KICHERERBSEN-APFEL-SALAT SEITE 90	SÜSSES QUINOA SEITE 159	STEAK MIT GEFÜLLTER ZUCCHINI SEITE 120 DESSERT: HAPPY-BANANA-EISCREME SEITE 146
	2 OATMEAL MUFFINS SEITE 139	2 HANDVOLL GEMÜSECHIPS SEITE 132	
SALAT-WRAPS SEITE 96–99	AVOCADO-PASTA SEITE 103	MINESTRONE SEITE 85 DESSERT: 5 KOKOS-MANDEL-KUGELN SEITE 148	FRÜHLINGSHAFTER QUINOA-SALAT SEITE 86

SPORT GEHÖRT AUCH DAZU

Sport und Bewegung sind ein unerlässlicher Teil eines gesunden Lebensstils. Viele Menschen haben nicht nur den Bezug zu Lebensmitteln in ihrer natürlichsten Form verloren, sondern auch zu einer gesunden Portion Bewegung. Unser Leben wird uns immer bequemer gemacht und körperliche Betätigung wird oft als Last angesehen. Dabei ist unser Körper darauf programmiert, sich körperlich auszulasten und seine Muskeln zu trainieren. Wir sprechen hier nicht von leistungsbezogenen Trainings, sondern dem Sport, der deinen Körper kräftigt.

GESUND UND FIT

Und nicht nur das, sportliches Training stärkt unter anderem auch dein Immunsystem, hält dein Herz-Kreislauf-System fit und kann einer Vielzahl von Krankheiten vorbeugen. Auch dein äußerliches Erscheinungsbild wird durch regelmäßige sportliche Betätigung profitieren. Dies gilt genauso für eine gesunde Psyche. Sport wirkt sich auf beinahe jeden Teil von Körper, Geist und Seele positiv aus. Unterschiedlichste Studien zeigen, dass Sport das Risiko für Depressionen, Angststörungen oder Abhängigkeitserkrankungen senkt. Außerdem werden Stimmung und Selbstwertgefühl positiv beeinflusst.

BEWEGUNG IM ALLTAG

Bewegung fängt weit abseits von richtiger sportlicher Betätigung an, nämlich im Alltag. Aus Zeitmangel oder Faulheit bevorzugen wir heutzutage oft den einfacheren Weg wie Rolltreppen, den Fahrstuhl, das Auto usw. Unsere alltägliche Belastung wird auf das Minimum gekürzt und unser Körper nicht genug ausgelastet. Doch schon die simpelsten Änderungen können sich auf Dauer sehr positiv auf deinen Körper auswirken.

{ TIPPS FÜR MEHR BEWEGUNG IM ALLTAG }

- Benutze Treppen statt Rolltreppen und Aufzug.
- Wenn du mit öffentlichen Verkehrsmitteln fährst, steige eine Station früher aus und gehe die restliche Strecke zu Fuß.
- Wenn du mit dem Auto unterwegs bist, parke es ruhig mal etwas weiter weg und gehe ein Stück zu Fuß.
- Auch zu Fuß oder mit dem Fahrrad lassen sich viele Dinge erledigen.
- Verbinde in der Mittagspause den Weg zur Essensgelegenheit mit einem kleinen Spaziergang.
- Nutze Wartezeiten und gehe, anstatt z. B. auf dem Handy zu surfen, etwas auf und ab.

BELIEBTE AUSDAUERTRAININGS

- Laufen
- Walking
- Wandern
- Radfahren
- Schwimmen
- Aerobic-Stunden
- HIIT-Trainings

AUSDAUER- UND KRAFTSPORT

Die richtige Kombination aus Ausdauertraining und der Kräftigung der Muskeln ist die perfekte Voraussetzung für einen fitten Körper.

AUSDAUERSPORT

Das Ziel von Ausdauertraining ist es, die Fähigkeit des Körpers, über einen ausgedehnten Zeitraum Leistung zu erbringen, zu erhöhen, sprich deine Kondition zu verbessern. Ausdauertraining trägt wesentlich zur Entwicklung und Aufrechterhaltung eines guten Gesundheitszustands bei.

HIIT

Hochintensive Intervall-Trainings bestehen aus Einheiten kurzer aber intensiver Übungen, die von weniger intensiven Übungsintervallen oder Trainingspausen unterbrochen werden. Sie erhöhen die Stoffwechselrate, sorgen für einen höheren Kalorienverbrauch während und nach dem Training und optimieren Muskelaufbau und Muskelerhalt, während kontinuierlich Fett abgebaut wird. Noch bis zu 48 Stunden nach dem Training – also auch in völliger Ruhe – wird reichlich Fett verbrannt. Beispiele solcher Trainings findest du auf unserem Sportplakat.

VORTEILE VON AUSDAUERTRAINING IM ÜBERBLICK:

- Stärkung des Immunsystems, da der Körper durch regelmäßiges Training vermehrt Zellen bildet, die Bakterien und Viren angreifen.
- Bessere Konzentration, da das Gehirn stärker durchblutet wird.
- Verbesserung von Kondition und Koordination
- Unterstützung des Herz-Kreislauf-Systems/Vorbeugen von Herz-Kreislauf-Erkrankungen
- Leichterer Abbau von Körperfett; Fettverbrennung und Fettstoffwechsel werden angekurbelt.
- Verbesserung des Muskelaufbaus
- Aktiver Stressabbau – der Körper produziert das „Glückshormon" Serotonin.
- Steigerung von Wohlbefinden und Konzentration
- bessere Durchblutung

KRAFTTRAINING

Damit ist die Art von Training gemeint, die der Kräftigung der Muskulatur sowie dem Aufbau der Muskelmasse dient. Was bei Männern ein fester Bestandteil des Trainings ist, wird von Frauen oftmals in einem großen Bogen umgangen. Die Angst vor einem zu muskulösen Körper ist aber unberechtigt. Von Natur aus sind Frauen nicht in der Lage, in kurzer Zeit viel Muskelmasse aufzubauen. Hat man das Gefühl, breiter zu werden, liegt das oft an der Fettschicht, die sich über den Muskeln befindet. Kombiniert man Kraft- und Ausdauertraining richtig, wird man diese schnell wieder los und die definierten Muskeln kommen zum Vorschein. Je mehr Muskeln sich am Körper befinden, desto mehr Kalorien verbrennt der Körper – auch im Ruhezustand. Wer also kräftige Muskeln hat, verbrennt sogar im Schlaf deutlich mehr als untrainierte Menschen.

Krafttraining lässt sich an fest installierten Krafttrainingsgeräten, mit freien Hanteln oder durch gymnastische Übungen durchführen. Finde die Methode, die am besten zu dir passt und dir am meisten Spaß macht. Prinzipiell gilt es immer, sich beim Krafttraining zu steigern. Dies kann durch eine gesteigerte Wiederholungsanzahl oder auch durch Gewicht sein. Deine Muskeln müssen gefordert werden, um weiter zu wachsen.

{ SO FUNKTIONIERT MUSKELAUFBAU }

Muskeln wachsen nicht während des Trainings, sondern in den Regenerationsphasen. Der Körper hat die Kraft, die er für den Aufbau braucht, nicht, wenn er durch Training beansprucht wird. Das Training setzt den Wachstumsreiz, das Wachstum selbst passiert außerhalb des Trainings.

VORTEILE VON KRAFTTRAINING IM ÜBERBLICK:

- Fettverbrennung – je mehr Muskeln man hat, desto mehr Fett kann man verbrennen.
- Stabilisierung des Bewegungsapparats und besserer Schutz von Gelenkstrukturen
- Steigerung von Stoffwechselaktivität und Energieumsatz
- Voraussetzung für den Erhalt von Lebensqualität im Alter
- Voraussetzung für Schnelligkeit und Ausdauer
- Verbesserung des äußeren Erscheinungsbilds

ROUTINE ENTWICKELN

Wenn du die erwähnten positiven Ergebnisse erzielen willst, ist es wichtig, regelmäßig zu trainieren. Versuche mindestens dreimal in der Woche Sport zu machen. Die schwierigste Aufgabe dabei ist es, eine Routine zu finden und sich aktiv Zeit zu nehmen. Schon eine halbe Stunde körperliche Betätigung mehrmals die Woche kann tolle Ergebnisse mit sich bringen. Hier findest du Tipps, wie du deinen inneren Schweinehund überwinden und das Training ganz einfach in deinen Alltag integrieren kannst.

FESTE TERMINE FINDEN

Die richtige Planung kann helfen, Vorhaben durchzuziehen. Stehen die Termine erst einmal im Kalender, kommst du weniger schnell in Stress und kannst deine Trainingseinheiten gut einplanen.

FERNSEHER AUSMACHEN

Es lohnt sich, eine Stunde, die man abends eventuell nur vor dem Fernseher verbrachte hätte, für den Körper zu opfern.

FRÜHER AUFSTEHEN

Hast du kein Problem damit, eine Stunde früher aufzustehen, bietet sich ein Morgentraining an. Den Tag mit Sport zu starten, ist ein tolles Gefühl, aber auch nicht jedermanns Sache. Kommst du morgens noch nicht so richtig in Fahrt, plane dein Training dementsprechend.

SICH BELOHNEN

Hast du ein bestimmtes Ziel erreicht? Belohne dich mit einem neuen Paar Trainingsschuhe oder einem coolen Shirt.

MIT FREUNDEN VERABREDEN

Du hast bestimmt Freunde, die auch gerne etwas mehr Sport machen würden. Gemeinsam Termine auszumachen motiviert unheimlich.

INVESTIERE IN EINEN TRAINER

Ein professioneller Personal Trainer hilft dir, deine Ziele zu definieren, erstellt dir einen Plan und kontrolliert alle paar Monate deine Fortschritte, um den Plan ideal für dich anzupassen.

ZIELE SETZEN

Sich Ziele zu setzen, wie zum Beispiel 5 km unter 30 Minuten zu laufen, motiviert dranzubleiben und bringt Erfolgserlebnisse.

{ TIPP }

Sport tut nicht nur der Figur gut. Bei sportlicher Betätigung werden auch Glücksgefühle ausgeschüttet. Also denk nicht nur an die Sommerfigur, wenn du trainierst, sondern daran, wie gut und ausgeglichen du dich danach fühlen wirst.

ERNÄHRUNG BEIM SPORT

Viele haben kein Problem damit, direkt nach dem Aufstehen mit nüchternem Magen eine Runde joggen zu gehen, andere brauchen vor ihrem Training unbedingt ein kleines Frühstück, um in die Gänge zu kommen.

Grundsätzlich lässt sich sagen, dass man für die optimale Energieversorgung 1–2 Stunden vor dem Workout Kohlenhydrate zu sich nehmen sollte. Achte darauf, langsam zu essen, und höre auf das Sättigungsgefühl deines Körpers. Schwere Mahlzeiten solltest du vermeiden, denn diese liegen im Magen und könnten beim Training Übelkeit hervorrufen.

Innerhalb einer Stunde nach dem Training sollte man seinen Kohlenhydratspeicher wieder auffüllen, um die Muskeln optimal zu versorgen. Ein Stück Obst ist sowohl vor als auch nach dem Training simpel und ideal. Hast du die Zeit, etwas vorzubereiten, wären zum Beispiel selbst gemachte Proteinriegel oder Smoothies perfekte Energie-und Proteinspender für deine Muskulatur nach dem Training.

Kohlenhydrate versorgen deinen Körper mit der nötigen Energie und sind somit die perfekte Sportlernahrung.

VIER-WOCHEN-SPORTPLAN

Hier haben wir ein vierwöchiges Sportprogramm für Beginner zusammengestellt, damit dir die ersten Wochen deines neuen Lebensstils leichter fallen und du erkennst, wie du Sport ganz einfach in dein Leben integrieren kannst. Je nach deinem persönlichen Fitnesslevel kannst du die Anzahl der Trainings erhöhen bzw.

	WOCHE 1	WOCHE 2
MONTAG	**GANZKÖRPER-TRAINING** MIND. 1 TAG PAUSE BIS ZUM NÄCHSTEN GANZKÖRPER-TRAINING	**GANZKÖRPER-TRAINING** MIND. 1 TAG PAUSE BIS ZUM NÄCHSTEN GANZKÖRPER-TRAINING
DIENSTAG	☀	☀
MITTWOCH	**GANZKÖRPER-TRAINING** MIND. 1 TAG PAUSE BIS ZUM NÄCHSTEN GANZKÖRPER-TRAINING	☀
DONNERSTAG	☀	**GANZKÖRPER-TRAINING** MIND. 1 TAG PAUSE BIS ZUM NÄCHSTEN GANZKÖRPER-TRAINING
FREITAG	☀	☀
SAMSTAG	**AUSDAUER-TRAINING** 20–45 MINUTEN	**AUSDAUER-TRAINING** 20–45 MINUTEN
SONNTAG	☀	☀

☀ Diese Tage dienen der Regeneration deines Körpers.

senken. Wenn du die Workouts gerne intensivieren möchtest, kannst du die Übungen mit Gewichten durchführen. Solltest du ein absoluter Beginner sein, empfehlen wir dir, deine Ausdauer durch intensivere Spaziergänge oder auf dem Hometrainer zu trainieren. Die ausführliche Beschreibung der Workouts für das Ganzkörper-Training findest du auf dem Fitnessplakat.

WOCHE 3	WOCHE 4
	GANZKÖRPER-TRAINING MIND. 1 TAG PAUSE BIS ZUM NÄCHSTEN GANZKÖRPER-TRAINING
GANZKÖRPER-TRAINING MIND. 1 TAG PAUSE BIS ZUM NÄCHSTEN GANZKÖRPER-TRAINING	
	GANZKÖRPER-TRAINING MIND. 1 TAG PAUSE BIS ZUM NÄCHSTEN GANZKÖRPER-TRAINING
GANZKÖRPER-TRAINING MIND. 1 TAG PAUSE BIS ZUM NÄCHSTEN GANZKÖRPER-TRAINING	
	HIIT
INTERVALL-LÄUFE (AUSDAUER) 15–20 MINUTEN Z.B. 1 MINUTE LAUFEN UND 1 MINUTE GEHEN	
	AUSDAUER-TRAINING MIND. 30 MINUTEN

Die Workouts aus dem Sportplan sind Auszüge aus dem zwölfwöchigen Our-Clean-Journey-Trainingsplan, der auf unserer Website www.ourcleanjourney.de zum Download erhältlich ist.

DETOX

Auch wenn Detox und sogenannte Entschlackungs- oder Entgiftungskuren grundlegend nichts mit der Ernährungsweise Clean Eating zu tun haben, möchten wir in diesem Kapitel das Thema kurz anschneiden.

Wir haben einen fünftägigen Detoxplan* entwickelt, der — anders als viele andere Detoxkuren — nicht aus Säften, sondern aus zahlreichen leckeren Rezepten besteht. Es geht darum, deinen Körper durch den Verzicht auf bestimmte Lebensmittel von alltäglichen Schadstoffen, Wassereinlagerungen und ungesunden Zusatzstoffen zu befreien.

Die wichtigsten Grundregeln dabei sind, einige Tage auf jegliche tierische Produkte, Salz, Zucker, Mehlprodukte sowie Kaffee und Alkohol zu verzichten. Dies dient dazu, eine Übersäuerung, verursacht durch die industrielle Herstellung von Lebensmitteln, zu lindern. Übersäuerung und Schadstoffe im Körper sind oftmals die Ursache für das Verlangen nach ungesundem Essen, lästige Pfunde, schlechte Laune, Müdigkeit, Kopfschmerzen und vieles mehr. Daher ist eine Entgiftungsphase und somit das Entgegenwirken einer Übersäuerung der optimale Start für die Umstellung auf eine dauerhafte gesunde Ernährung.

Für einige mögen diese Tage eine extreme Umstellung sein und viel Verzicht bedeuten, doch das Ergebnis ist es wert. Deine Geschmacksnerven werden sich langsam erholen und Lebensmittel ohne viel Salz und andere Zusätze fangen an, besser zu schmecken, was der perfekte Einstieg in den Clean-Eating-Lebensstil ist. Dein Körper muss sich erst wieder an Lebensmittel ohne Geschmacksverstärker gewöhnen. Auch Heißhungerattacken und ungesunde Gelüste werden durch solche Entgiftungstage minimiert und der Geschmack für gesunde Ernährung gereizt. Außerdem verschwinden Wassereinlagerungen schnell durch den Verzicht auf tierische Produkte und Salz sowie aufgrund der erhöhten Flüssigkeitszufuhr.

Du wirst sehen, die schnellen Erfolgserlebnisse, der Abnehmeffekt und die neu entdeckten gesunden Rezepte motivieren dranzubleiben und die etwas weniger strenge Version, das Clean Eating, weiterzuführen.

{ VERZICHTE AUF }

- tierische Produkte
- Salz
- Zucker
- Mehlprodukte
- Kaffee
- Alkohol

Eine Detox-Kur befreit den Körper von Schadstoffen und wirkt einer Übersäuerung entgegen.

*Ausführliche Infos sowie alle Rezepte zum Thema Detox findest du auf www.ourcleanjourney.de

REZEPTE

Hier findest du tolle Rezepte für jede Gelegenheit. Egal, ob für ein leckeres Frühstück, ein reichhaltiges Mittagessen, einen Snack am Nachmittag oder eine kühle Erfrischung an heißen Sommertagen – wir verraten dir unsere besten Gerichte. Alle veganen Rezepte sind mit diesem Symbol gekennzeichnet.

FRÜHSTÜCK

SMOOTHIE-POWER

JEWEILS CA. 5–10 MINUTEN

1 PORTION

Smoothies sind der perfekte Start in den Tag, wenn du morgens mal nicht so viel Zeit hast. Einmal durchgemixt und in einen Becher gefüllt, kannst du ihn überallhin mitnehmen.

SO WIRD'S GEMACHT:

Einfach Früchte und Gemüse nach Wahl waschen, bei Bedarf schälen, klein schneiden und in einem Mixer mit den anderen Zutaten pürieren.

GRÜNER DETOX-SMOOTHIE

ZUTATEN:

40 G BLATTSPINAT / 250 G BIO-SALATGURKE (UNGESCHÄLT) / 200 ML FRISCHGEPRESSTER ORANGENSAFT / ½ GESCHÄLTE MANGO ODER BANANE / 1 EL CHIA-SAMEN

ROTER DENKHILFE-SMOOTHIE

ZUTATEN:

100 G VORGEGARTE ROTE BETE / 1 EL MANDELMUS (UNGESCHÄLT) / 1 GROSSER GESCHÄLTER SÜSSER APFEL / 1 PRISE ZIMT / 250 ML KOKOSWASSER ODER WASSER

JULIAS TIPP

Kokoswasser ist der ideale Flüssigkeitsspender für Smoothies. Es enthält zahlreiche Vitamine und gibt dem Smoothie einen ganz besonderen Geschmack!

JEWEILS CA. 5–10 MINUTEN

1 PORTION

GELBER FATBURNER-SMOOTHIE

Mit diesem gelben Smoothie geht morgens nicht nur die Sonne auf, er ist auch perfekt geeignet, um überschüssige Pfunde purzeln zu lassen. Ananas ist ein klasse Fatburner.

ZUTATEN:

250 G FRISCHE ANANAS / 1 STÜCK (CA. 2 CM) GESCHÄLTER INGWER / FRISCHE MINZBLÄTTER / 220 ML KOKOSWASSER ODER WASSER

JEWEILS CA. 5–10 MINUTEN

1 PORTION

ORANGER GLÜCKS-SMOOTHIE

Karotten im Smoothie? Na klar! Probiere den Glücksgefühle-Smoothie unbedingt mal aus. Er sorgt für gute Laune und eine große Extraportion Power!

ZUTATEN:

2 KIWIS / 2 GROSSE KAROTTEN (GESCHÄLT UND IN MÖGLICHST KLEINE STÜCKE GESCHNITTEN ODER GERIEBEN) / 250 ML FRISCH GEPRESSTER ORANGENSAFT / ½ TL KOKOSÖL ODER OLIVENÖL / 200 ML KOKOSWASSER ODER WASSER

JEWEILS CA. 5–10 MINUTEN
1 PORTION

GRÜNER POWER-SMOOTHIE

Grünkohl ist zur Zeit der absolute Renner. Er gibt dir Kraft und die nötigen Vitamine. Sollte er nicht erhältlich sein, kannst du ihn auch ohne Probleme durch Wirsing ersetzen.

ZUTATEN:

50 G GRÜNKOHLBLÄTTER / SAFT EINER ORANGE / 1 REIFE BANANE / 1 STÜCK (CA. 2 CM) INGWER / FRISCHE MINZBLÄTTER / 200 ML KOKOSWASSER

JEWEILS CA. 5–10 MINUTEN
1 PORTION

PFIRSICH-MANDEL-SMOOTHIE

Fruchtig und gleichzeitig schön nussig. Wer Mandelmilch mag, wird diese Smoothie-Variante lieben. Mandeln sind übrigens ein wichtiger Eiweißlieferant.

ZUTATEN:

½ REIFE BANANE / 2 PFIRSICHE / 250 ML UNGESÜSSTE MANDELMILCH / 25 G MANDELN / 1 TROPFEN VANILLEEXTRAKT

OATMEAL GRUNDREZEPTE

Wir lieben Oatmeal – in allen Variationen, zu jeder Jahreszeit, immer und überall! Das perfekte Frühstück für jeden Tag.

OATMEAL BASIC

ZUTATEN:

40 G ZARTE HAFERFLOCKEN

120 ML HEISSES WASSER ODER MILCH DEINER WAHL

CA. 5 MINUTEN

1 PORTION

SO WIRD'S GEMACHT:

1. Die Haferflocken mit dem heißen Wasser oder Milch übergießen.
2. Etwa 5 Minuten lang quellen lassen.
3. Oatmeal mit vielen verschiedenen Toppings garnieren und genießen.

PORRIDGE

ZUTATEN:

40 G ZARTE HAFERFLOCKEN

120 ML WASSER ODER MILCH DEINER WAHL

CA. 10 MINUTEN

1 PORTION

SO WIRD'S GEMACHT:

1. Die Haferflocken in einen Topf geben und das Wasser oder die Milch darübergießen.
2. Nun alles einmal aufkochen und anschließend bei mittlerer Hitze etwa 5 Minuten köcheln lassen. Sobald das Porridge eine cremig-breiige Form angenommen hat, den Topf vom Herd nehmen.
3. Den Brei nun in einer Schüssel anrichten und nach Belieben mit Toppings garnieren.

LUISAS TIPP

Für noch mehr Geschmack kannst du das Oatmeal auch über Nacht mit deinen Wunschzutaten quellen lassen.

OATMEAL VARIANTEN

Es gibt so viele Möglichkeiten, dein Oatmeal zu genießen!
Hier zeigen wir dir unsere Lieblingskreationen.

SOMMERLICHES BEEREN-OATMEAL

CA. 5 MINUTEN

1 PORTION

ZUTATEN:

OATMEAL BASIC (SIEHE S. 52) / 1 HANDVOLL BEEREN DEINER WAHL, FRISCH ODER TIEFGEKÜHLT / 1–2 TL AGAVENDICKSAFT, KOKOSBLÜTENZUCKER ODER ½ BANANE ZUM SÜSSEN

WINTERLICHES APFEL-ZIMT-OATMEAL

CA. 5 MINUTEN

1 PORTION

ZUTATEN:

OATMEAL BASIC (SIEHE S. 52) / 3 EL UNGESÜSSTES APFELMUS ODER MUS EINER BANANE / 1 EL ROSINEN / 1 PRISE ZIMT

ALMOND-CRANBERRY-OATMEAL

CA. 5 MINUTEN

1 PORTION

ZUTATEN:

OATMEAL BASIC (SIEHE S. 52) / 1–2 EL GETROCKNETE UNGESÜSSTE CRANBERRIES / 10–15 GEHACKTE MANDELN

CA. 10 MINUTEN

1 PORTION

ORIENTALISCHES OATMEAL

ZUTATEN:

OATMEAL BASIC (SIEHE S. 52) / 5–7 KLEIN GESCHNITTENE GETROCKNETE DATTELN / 1 KLEINE HANDVOLL GEHACKTE CASHEWNÜSSE / 1 EL HONIG / 1 PRISE ZIMT

CA. 5 MINUTEN

1 PORTION

SCHOKOLADEN-OATMEAL

ZUTATEN:

OATMEAL BASIC (SIEHE S. 52) / 1 EL UNGESÜSSTES KAKAO-PULVER / 1 KLEINE HANDVOLL GEHACKTER HASELNÜSSE / 1–2 TL AGAVENDICKSAFT, KOKOSBLÜTENZUCKER ODER ½ BANANE ZUM SÜSSEN / 1 EL KAKAO-NIBS, NACH BELIEBEN

CA. 10 MINUTEN

1 PORTION

ZUCKERMELONE-KOKOS-OATMEAL

ZUTATEN:

OATMEAL BASIC (SIEHE S. 52) / 1 SCHEIBE ZUCKERMELONE, OHNE SCHALE UND GEWÜRFELT / 15 G KOKOSCHIPS

SUPERFOOD-OATMEAL

Wir empfehlen dir, unter dein Frühstück Superfoods wie Chia-, Lein- oder Hanfsamen zu mischen, um schon morgens möglichst viele Nährstoffe zu dir zu nehmen.

ZUTATEN:

- OATMEAL BASIC (SIEHE S. 52)
- 1 EL CHIA-SAMEN ODER LEINSAMEN
- 1 TL SPIRULINA
- 1–2 TL AGAVENDICKSAFT, KOKOSBLÜTENZUCKER ODER ½ BANANE ZUM SÜSSEN
- OBST NACH WAHL, Z.B. 150 G BLAUBEEREN
- 1 EL GOJI-BEEREN, GETROCKNET
- 1 EL MANDELMUS

5 MINUTEN

1 PORTION

SO WIRD'S GEMACHT:

1. Das Oatmeal Basic wie auf Seite 52 beschrieben zubereiten, allerdings auch die Chia- oder Leinsamen und das Spirulina untermischen. Nach Belieben süßen und alles etwa 5 Minuten quellen lassen.
2. In der Zwischenzeit das Obst waschen, gegebenenfalls schälen und klein schneiden.
3. Das Oatmeal gemeinsam mit dem Obst und den Goji-Beeren anrichten und das Mandelmus darüber träufeln.

BAKED OATMEAL

Diese wunderbare Oatmeal-Variante für den Backofen wärmt nicht nur die Seele. Sie ist das richtige Frühstück für kalte graue Wintertage.

ZUTATEN:

125 ML MILCH DEINER WAHL

1 BIO-EI

MARK EINER ½ VANILLESCHOTE ODER 5 TROPFEN REINER VANILLEEXTRAKT

40 G ZARTE HAFERFLOCKEN

FRISCHES OBST NACH WAHL (ALTERNATIV: 1 HANDVOLL NÜSSE ODER GETROCKNETES OBST)

1–2 TL AGAVENDICKSAFT, KOKOSBLÜTENZUCKER ODER ½ BANANE ZUM SÜSSEN

CA. 50 MINUTEN

1 PORTION

SO WIRD'S GEMACHT:

1. Den Backofen auf 180 °C (Umluft) vorheizen.
2. In einer Schüssel die Milch, das Ei und die Vanille gut vermischen.
3. Die Haferflocken in eine ofenfeste Form geben und mit Obstscheiben und/oder Nüssen belegen.
4. Nun die Eiermilch über die Haferflocken gießen, die Form in den Backofen schieben und 30–40 Minuten backen.
5. Anschließend etwa 5 Minuten abkühlen lassen und genießen!

SCHOKOLADEN-DINKELGRIESSBREI

Ein Frühstück für süße Genießer. Auch als Clean Eater muss man auf die kleinen Freuden des Lebens nicht verzichten.

ZUTATEN:

500 ML MILCH DEINER WAHL

1 TL AGAVENDICKSAFT

6 EL DINKELGRIESS

1 HANDVOLL BEEREN, FRISCH ODER TIEFGEKÜHLT

ZARTBITTERSCHOKOLADE (ODER KAKAOPULVER) ZUM GARNIEREN

CA. 15 MINUTEN

2 PORTIONEN

SO WIRD'S GEMACHT:

1. Die Milch zusammen mit dem Agavendicksaft in einem Topf zum Kochen bringen und die Hitze auf mittlere Stufe zurückschalten.
2. Den Grieß mit einem Schneebesen einrühren und alles unter Rühren etwa 3 Minuten weiterköcheln lassen. Gegebenenfalls ein bisschen mehr Grieß beimengen, wenn der Brei noch zu flüssig ist.
3. Den Grießbrei vom Herd nehmen und zusammen mit den Beeren in einer Schüssel anrichten.
4. Vor dem Servieren die Zartbitterschokolade über den Brei und die Beeren raspeln.

AMARANTH-HIMBEER-SCHICHTEN

Gepuffter Amaranth eignet sich perfekt für Müsli, Riegel, Desserts, Obstsalat und vieles mehr.

ZUTATEN:

40 G GEPOPPTER AMARANTH
100 G HIMBEEREN, FRISCH ODER TIEFGEKÜHLT
1 PRISE ZIMT
100 ML MILCH DEINER WAHL
FRISCHE MINZBLÄTTER

CA. 10 MINUTEN
1 PORTION

SO WIRD'S GEMACHT:

1. Die Hälfte des Amaranths zusammen mit Himbeeren, Zimt und Milch pürieren. Einen Teil der fertigen Mischung in ein Glas füllen.
2. Als zweite Schicht einen Teil des gepoppten Amaranths hinzufügen. So weiter schichten, bis das Glas vollständig gefüllt ist.
3. Zum Abschluss mit ein paar Himbeeren und frischer Minze garnieren.

LUISAS TIPP

In Amaranth stecken jede Menge wertvolle Vitamine und Eiweiß. Außerdem ist es glutenfrei.

LOW CARB PANCAKES

Pancakes kannst du ganz leicht ohne Mehl zubereiten. Dir wirst nachts schon immer von diesen cleanen Pancake Stacks träumen. Einfach himmlisch!

ZUTATEN:

- 4 BIO-EIER
- 2 REIFE BANANE
- 1 PRISE ZIMT
- 1 EL KOKOSÖL
- 1 HANDVOLL FRISCHE BEEREN, NACH BELIEBEN
- AGAVENDICKSAFT ZUM SÜSSEN

CA. 20 MINUTEN

2 PORTIONEN

SO WIRD'S GEMACHT:

1. Die Eier in eine Schüssel schlagen, die Banane grob zerkleinern und zusammen mit dem Zimt zu der Eimasse geben.
2. Um eine sämige Pancake-Masse zu erhalten, alle Zutaten mit einem Handrührgerät zu einem Brei verarbeiten.
3. In einer Pfanne das Öl bei mittlerer Stufe erhitzen und mit einem Löffel aus dem Teig Pancakes formen. Nun etwa 2–3 Minuten backen, bis sie goldgelb sind und sich von der Pfanne lösen lassen. Die Pancakes wenden und auch die zweite Seite bräunen.
4. Pancakes aus der Pfanne heben und zum sogenannten Pancake Stack, dem typischen Pancake-Türmchen, aufschichten.
5. Zum Servieren mit frischen Beeren garnieren und nach Belieben mit Agavendicksaft süßen.

VEGANE PANCAKES MIT HAFERFLOCKEN

Eines unserer ersten und beliebtesten Rezepte. Pancakes können so einfach und gesund sein!

ZUTATEN:

80 G ZARTE HAFERFLOCKEN
100 ML WASSER
1 EL CHIA-SAMEN
1 REIFE BANANE
1 PRISE ZIMT
1 EL KOKOSÖL
1 HANDVOLL FRISCHE BEEREN ODER ANDERES OBST

CA. 10 MINUTEN
2 PORTIONEN

SO WIRD'S GEMACHT:

1. Die Haferflocken mit Wasser und Chia-Samen verrühren. Ein paar Minuten warten, bis die Chia-Samen aufgequollen sind und die Haferflocken das Wasser aufgesogen haben.
2. Die Banane in der Haferflockenmasse zerdrücken und eine Prise Zimt hinzufügen.
3. In einer beschichteten Pfanne Kokosöl erhitzen und jeweils einen großen Esslöffel der Teigmasse in der Pfanne zu kleinen runden Pancakes formen. Diese auf jeder Seite etwa 2 Minuten goldbraun backen. Nach Belieben Früchte dazu servieren.

LUISAS TIPP

Mit dem gleichen Teig kannst du auch leckere Waffeln zubereiten!

VOLLKORNBROT GRUNDREZEPT

Vollkornbrot liefert Energie und Ballaststoffe. Es lässt sich übrigens gut einfrieren und bei Bedarf frisch aufbacken.

ZUTATEN:

- 350 ML WARMES WASSER
- 40 G FRISCHE HEFE
- 1 TL SALZ
- 50 G WALNÜSSE
- 500 G VOLLKORNMEHL (Z.B. DINKEL)
- 20 G SONNENBLUMENKERNE (+ 1 HANDVOLL ZUM BESTREUEN)
- 15 G LEINSAMEN
- 3 EL CHIA-SAMEN
- 1 EL GESCHMACKS-NEUTRALES ÖL (RAPSÖL)

CA. 1,5 STUNDEN

FÜR 1 BROT (KASTENFORM 30 CM)

SO WIRD'S GEMACHT:

1. Das Wasser mit der Hefe und dem Salz verrühren, bis sich die Hefe aufgelöst hat. Etwa 10 Minuten gehen lassen.
2. Die Walnüsse grob hacken. Anschließend das Mehl mit Walnüssen, Sonnenblumenkernen, Leinsamen und Chia-Samen vermischen.
3. Nun die Hefemischung mit dem Mehl gut verkneten und in eine mit Öl eingefettete Backform füllen. Die Sonnenblumenkerne darüberstreuen und das Brot an einem warmen Ort bedeckt 20 Minuten gehen lassen. In der Zwischenzeit den Backofen auf 180 °C (Umfluft) vorheizen.
4. Das Brot etwa 50 Minuten backen. Anschließend aus dem Ofen nehmen und abkühlen lassen. Erst dann aus der Form stürzen.

JULIAS TIPP

Schmeckt besonders lecker mit Nussmus oder zu einer unserer Salatvariationen!

VOLLKORNBROT VARIANTEN

CA. 5 MINUTEN

1–2 PORTIONEN

Manchmal muss es doch gar kein aufwendiges Frühstück sein oder es soll morgens vielleicht einfach schnell gehen. Dafür haben wir hier für dich vier Blitzrezepte zum Frühstück.

MIT MANDELMUS UND BANANE

ZUTATEN:

2 SCHEIBEN VOLLKORNBROT

MANDELMUS

½ BANANE

SO WIRD'S GEMACHT:

Vollkornbrot mit Mandelmus bestreichen, Bananenscheiben darauf verteilen und genießen.

MIT CASHEWMUS UND AHORNSIRUP

ZUTATEN:

2 SCHEIBEN VOLLKORNBROT

CASHEWMUS

AHORNSIRUP

SO WIRD'S GEMACHT:

Cashewmus auf dem Vollkornbrot verteilen und nach Belieben Ahornsirup darüber träufeln.

LUISAS TIPP

Backst du dein Brot nicht selbst, dann achte unbedingt auf dessen Zutatenliste. Vor allem Vollkornbrot aus dem Supermarkt steckt oft voller Zuckerzusätze und Emulgatoren.

MIT FETA UND BASILIKUM-PESTO

ZUTATEN:

- 2 SCHEIBEN VOLLKORNBROT
- ⅓ FETA, NACH BELIEBEN
- 1–2 TL BASILIKUM-PESTO (SIEHE S. 123)

SO WIRD'S GEMACHT:

Den Feta klein würfeln, auf dem Vollkornbrot verteilen und mit dem Basilikum-Pesto garnieren.

MIT HUMMUS, ROTE BETE UND KRESSE

ZUTATEN:

- 1 GEGARTE ROTE BETE
- 2 SCHEIBEN VOLLKORNBROT
- 2 EL HUMMUS (SIEHE S. 134)
- FRISCHE KRESSE
- SALZ UND FRISCH GEMAHLENER PFEFFER

SO WIRD'S GEMACHT:

1. Rote Bete mit einem scharfen Messer in kleine Würfel schneiden.
2. Das Brot anrichten, den Hummus aufstreichen und die Rote-Bete-Würfel darauf verteilen.
3. Mit Kresse garnieren und nach Belieben salzen und pfeffern.

BROT MIT AVOCADO UND POCHIERTEM EI

Eine leckere Frühstücksidee für einen ausgedehnten Sonntagsbrunch mit der besten Freundin.

ZUTATEN:

- ½ REIFE AVOCADO
- 2 EL ZITRONENSAFT
- 2 SCHEIBEN VOLLKORNBROT
- 1 EL WEINESSIG (GESCHMACKSNEUTRAL)
- 2 BIO-EIER
- SALZ UND FRISCH GEMAHLENER PFEFFER
- CHILIFLOCKEN, NACH BELIEBEN

CA. 15 MINUTEN

2 PORTIONEN

SO WIRD'S GEMACHT:

1. Für den Avocado-Belag das Avocado-Fruchtfleisch von der Schale und dem Kern lösen und in eine kleine Schüssel geben. Mit einer Gabel zerdrücken und den Zitronensaft einrühren.
2. Nach Belieben die Vollkornbrotscheiben kurz in den Toaster geben und anschließend die Avocado-Creme darauf verteilen.
3. In einem Topf etwa 1 l Wasser mit Essig zum Kochen bringen. Die Eier mit einer Stecknadel auf beiden Seiten vorsichtig anstechen und 10 Sekunden lang im heißen Wasser aufwärmen lassen. Danach sofort herausfischen und die Hitze des Herds so weit verringern, dass das Wasser nicht mehr kocht. Nun die Eier vorsichtig aufschlagen und ins Wasser gleiten lassen. Nach etwa 2 ½ Minuten kannst du sie vorsichtig aus dem Wasser herausheben und nach kurzem Abtropfen auf deinem Brot anrichten.
4. Nun noch salzen, pfeffern und ein paar Chiliflocken über das belegte Brot streuen.

VEGANER HASELNUSS-KAKAO-AUFSTRICH

Auch der beliebteste Frühstücksaufstrich aller Zeiten lässt sich ganz einfach und gesund selber machen.

ZUTATEN:

- 200 G HASELNÜSSE
- 50–100 ML UNGESÜSSTE MANDELMILCH
- 2 EL KOKOSÖL
- 40 G UNGESÜSSTES KAKAOPULVER
- 1 PRISE SALZ
- 1 EL REINER VANILLE-EXTRAKT
- KOKOSBLÜTENZUCKER, AGAVENDICKSAFT, HONIG ODER DATTELN ZUM SÜSSEN, JE NACH BELIEBEN UNGEFÄHR 50 G

CA. 20 MINUTEN

1 GLAS Á 400 ML

SO WIRD'S GEMACHT:

1. Die Haselnüsse bei etwa 200 °C (Ober- und Unterhitze) 8 Minuten im Backofen auf einem Backpapier rösten.
2. Die gerösteten Haselnüsse in einer Küchenmaschine oder einem Hochleistungsmixer zu einer Paste zerkleinern.
3. Die restliche Zutaten hinzufügen und weiter zu einer cremigen, streichfähigen Masse mixen.
4. Die Nusscreme in verschließbare Gläser abfüllen. Im Kühlschrank ist die Creme etwa 1 Woche haltbar.

JULIAS TIPP

Je leistungsstärker dein Mixer ist und je mehr Mandelmilch du hinzufügst, desto cremiger wird der Aufstrich.

FRÜCHTEBROT MIT NUSS-POWER

Am besten schmeckt uns dieses Frühstücksbrot mit Nussmus und ein paar Tröpfchen Ahornsirup.

ZUTATEN:

- 100 G CASHEWNÜSSE
- 50 G HASELNÜSSE
- 550 G DINKELVOLLKORNMEHL
- 50 G CRANBERRIES
- 50 G ROSINEN
- 30 G GEPOPPTER AMARANTH
- 20 G LEINSAMEN
- 1 PRISE SALZ
- 2 TL GEMAHLENER ZIMT
- ½ TL GERIEBENE MUSKATNUSS
- 1 TL GEMAHLENES PIMENT
- 1 PÄCKCHEN/WÜRFEL FRISCHE HEFE
- 60 ML AGAVENDICKSAFT ODER AHORNSIRUP
- 1–2 TL GESCHMACKS-NEUTRALES ÖL (Z.B. RAPSÖL)

1 ½–2 STUNDEN

1 BROTLAIB Á 650 G

SO WIRD'S GEMACHT:

1. Den Backofen auf 40 °C (Umluft) vorheizen.
2. Cashew- und Haselnüsse in kleine Stücke hacken und zusammen mit den anderen trockenen Zutaten in eine Schüssel geben und vermischen.
3. Die Hefe in 3 Esslöffeln warmem Wasser auflösen. Sobald die Hefe zu einer flüssigen grauen Masse geworden ist, gemeinsam mit dem Agavendicksaft und etwa 100 ml Wasser den anderen Zutaten beimischen.
4. Anschließend alles gut verkneten. Bei Bedarf noch ein bisschen Mehl oder Wasser dazugeben, um einen knetbaren Teig zu erhalten.
5. Eine Backform mit etwas geschmacksneutralem Öl einfetten und den Teig darin verteilen.
6. Nun etwa 1 Stunde bei 40 °C im Backofen gehen lassen. Danach auf 180 °C aufheizen und das Brot etwa 45 Minuten backen.

RÜHREI MIT TOMATEN, PILZEN UND SPINAT

Frische Pilze und Spinat werden dir in Kombination mit Rührei ganz besonders gut schmecken.

ZUTATEN:

- 1 KLEINE ZWIEBEL
- 2 EL PETERSILIE, FRISCH ODER TIEFGEKÜHLT
- 6 COCKTAILTOMATEN
- 30 G BLATTSPINAT, FRISCH ODER TIEFGEKÜHLT
- 200 G PILZE (Z.B. CHAMPIGNONS)
- 1–2 EL OLIVENÖL
- 5 BIO-EIER
- SALZ UND FRISCH GEMAHLENER PFEFFER

CA. 20 MINUTEN

2 PORTIONEN

SO WIRD'S GEMACHT:

1. Die Zwiebel schälen und in kleine Würfel schneiden.
2. Petersilie, Tomaten, Spinat und Pilze waschen und klein schneiden.
3. Das Öl in einer Pfanne erhitzen und das Gemüse darin anbraten, dabei ein paar Tomaten und Petersilie zum Garnieren aufsparen.
4. Die Eier in eine Schüssel schlagen, nach Belieben mit Salz und Pfeffer würzen und verquirlen. Anschließend in die Pfanne gießen und unter Rühren stocken lassen.
5. Zum Servieren mit Petersilie und den restlichen Tomaten garnieren.

RÜHREI MIT AVOCADO-TARTAR

Die Kombination Ei und Avocado ist einfach unschlagbar! Das solltest du unbedingt einmal ausprobieren.

ZUTATEN:

1 ZWIEBEL
1 AVOCADO
5 BIO-EIER
1–2 TL OLIVENÖL
SALZ UND FRISCH GEMAHLENER PFEFFER
FRISCHE KRÄUTER, NACH BELIEBEN

CA. 20 MINUTEN
2 PORTIONEN

SO WIRD'S GEMACHT:

1. Die Zwiebel schälen und klein schneiden.
2. Die Avocado halbieren, entkernen, das Fruchtfleisch mit dem Löffel herausschaben und in Würfel schneiden.
3. Die Eier in eine Schüssel schlagen, die Zwiebelstücke dazugeben und alles gut durchrühren.
4. Nun in der Pfanne das Öl erhitzen und die Avocado-Würfel scharf anbraten. Danach die Eiermischung vorsichtig dazugießen. Unter Rühren zusammen mit den Avocado-Würfeln stocken lassen.
5. Auf einem Teller anrichten und mit Salz, Pfeffer und frischen Kräutern garnieren.

OMELETT MIT LAUCH UND FETA

Eine ganz frische und leckere Variation eines Frühstücksklassikers. Mmhh!

ZUTATEN:

1 LAUCH
½ FETA
5 BIO-EIER
2 TL KOKOSÖL
FRISCHE KRÄUTER, NACH BELIEBEN
SALZ UND FRISCH GEMAHLENER PFEFFER

CA. 20 MINUTEN
2 PORTIONEN

SO WIRD'S GEMACHT:

1. Den Lauch waschen und fein schneiden. Den Feta würfeln.
2. Die Eier aufschlagen, verquirlen und mit den klein geschnittenen Zutaten vermischen.
3. Das Öl in einer Pfanne auf mittlerer Stufe erhitzen und die Eiermischung langsam in die Pfanne gießen. Bei schwacher Hitze das Omelett etwa 5 Minuten braten bzw. warten, bis es stockt.
4. Auf einem Teller anrichten und mit frischen Kräutern, Salz und Pfeffer garnieren.

HAUPT-
GERICHTE

SÜSSKARTOFFEL-KAROTTEN-SUPPE

Süßkartoffeln schmecken uns immer und in dieser Suppe sind sie ganz besonders lecker.

ZUTATEN:

1 ZWIEBEL
⅓ KNOLLENSELLERIE
5 KAROTTEN
2 SÜSSKARTOFFELN
1 WALNUSSGROSSES STÜCK INGWER
2 EL OLIVENÖL
1 L WASSER
SALZ UND FRISCH GEMAHLENER PFEFFER
2 BIO-ORANGEN

CA. 40 MINUTEN
3–4 PORTIONEN

SO WIRD'S GEMACHT:

1. Zwiebel, Sellerie, Karotten und Süßkartoffeln schälen und klein schneiden. Den Ingwer schälen und reiben.

2. Öl in einem Topf erhitzen und die Zwiebelstücke bei mittlerer Hitze andünsten, bis sie glasig sind. Dann den Sellerie, die Karotten, die Süßkartoffeln und den Ingwer dazugeben und weitere 5 Minuten braten.

3. Danach das Gemüse mit dem Wasser aufgießen und aufkochen lassen. Sobald die Suppe kocht, die Hitze zurückschalten und etwa 20 Minuten auf kleiner Stufe abgedeckt weiterköcheln lassen.

4. Wenn das Gemüse gar ist, die Suppe pürieren und mit Salz und Pfeffer abschmecken. Die Orangen gut waschen und mit einem Schäler einige Zesten abschälen. Das Fruchtfleisch würfeln. Nun die Suppe anrichten und mit den Orangenstückchen- und Zesten garnieren.

LUISAS TIPP

Ein wärmendes Gericht für kalte Tage in der dunklen Jahreszeit.

ROTE-BETE-KICHERERBSEN-SUPPE

Eine herrlich herbstliche Suppe, die dich an kalten Regentagen von innen heraus wärmt.

ZUTATEN:

- 1 ZWIEBEL
- ⅓ KNOLLENSELLERIE
- 2 KAROTTEN
- 500 G VORGEGARTE ROTE BETE
- KICHERERBSEN AUS DER DOSE (ABTROPFGEWICHT 300 G)
- 2 EL OLIVENÖL
- 1,5 LITER WASSER
- SALZ UND FRISCH GEMAHLENER PFEFFER
- FRISCHE PETERSILIE

CA. 40 MINUTEN

2–3 PORTIONEN

SO WIRD'S GEMACHT:

1. Die Zwiebel, den Sellerie und die Karotten schälen und klein schneiden. Die Rote Bete in kleine Würfel schneiden. Die Kichererbsen in einem Sieb abtropfen lassen.

2. Olivenöl in einem Topf erhitzen und die Zwiebelstücke bei mittlerer Stufe andünsten, bis sie glasig sind. Dann den Sellerie und die Karotten dazugeben und etwa 5 Minuten anbraten.

3. Das Gemüse mit dem Wasser aufgießen und aufkochen lassen. Sobald das Wasser kocht, die Hitze zurückschalten und die Suppe etwa 15 Minuten auf niedriger Stufe weiterköcheln lassen.

4. Die Rote-Bete-Stücke und die Hälfte der Kichererbsen dazugeben, mit Salz abschmecken und weitere 5 Minuten köcheln lassen. Die Suppe vom Herd nehmen und pürieren.

5. Zusammen mit den restlichen Kichererbsen die Suppe noch einmal zum Kochen bringen. Anrichten und mit einer Prise Pfeffer, einem Spritzer Olivenöl und frischer Petersilie garnieren.

ZUCCHINI-KOKOS-SUPPE

Zucchini und Kokos – eine tolle Kombi! Vor allem als Suppe sind sie ein wahres Dreamteam und überzeugen durch ihren sommerlich leichten Geschmack.

ZUTATEN:

- 1 ZWIEBEL
- 1 SCHEIBE KNOLLENSELLERIE, 1 CM DICK
- 1 KAROTTE
- 1 GROSSE ZUCCHINI
- 1 WALNUSSGROSSES STÜCK INGWER
- 2 EL OLIVENÖL
- 400 ML WASSER
- 300 ML KOKOSMILCH
- SALZ UND FRISCH GEMAHLENER PFEFFER

CA. 40 MINUTEN

3–4 PORTIONEN

SO WIRD'S GEMACHT:

1. Die Zwiebel, den Sellerie und die Karotten schälen und klein schneiden. Die Zucchini waschen und grob würfeln. Den Ingwer schälen und reiben.
2. Olivenöl in einem Topf erhitzen und die Zwiebelstücke bei mittlerer Stufe andünsten, bis sie glasig sind. Dann Sellerie, Karotten, Zucchini und Ingwer dazugeben und etwa 10 Minuten anbraten.
3. Das Gemüse mit dem Wasser aufgießen und alles aufkochen lassen. Sobald die Suppe kocht, die Hitze zurückschalten und etwa 15 Minuten auf kleiner Stufe abgedeckt weiterköcheln lassen.
4. Wenn das Gemüse gar ist, die Suppe pürieren und 260 ml Kokosmilch dazugießen. Die restliche Kokosmilch mit dem Pürierstab aufschäumen.
5. Die Suppe anrichten und mit dem Kokosschaum garnieren.

MINESTRONE

Wer kennt sie nicht, die Minestrone? Wir haben den italienischen Klassiker neu und clean interpretiert. Das solltest du unbedingt ausprobieren.

ZUTATEN:

- 50 G QUINOA
- 1 ROTE ZWIEBEL
- ⅓ KNOLLENSELLERIE
- 2 KAROTTEN
- WEISSE BOHNEN AUS DER DOSE (ABTROPFGEWICHT 250 G)
- 2 GROSSE FLEISCHTOMATEN
- ½ BUND BABYSPINAT
- 10 BASILIKUMBLÄTTER
- 2 KNOBLAUCHZEHEN
- 3 EL OLIVENÖL
- 2 ZWEIGE THYMIAN
- 3 LORBEERBLÄTTER
- 1,5 L WASSER
- SALZ UND FRISCH GEMAHLENER PFEFFER

CA. 40 MINUTEN

4 PORTIONEN

SO WIRD'S GEMACHT:

1. Quinoa über einem Sieb mit kaltem Wasser abschwemmen. Zwiebel, Sellerie und Karotten schälen und klein schneiden. Die Bohnen in einem Sieb abtropfen lassen. Tomaten waschen und würfeln.
2. Den Babyspinat und die Basilikumblätter mit einem feuchten Tuch vorsichtig abrubbeln. Knoblauchzehen schälen und ganz fein hacken.
3. Das Olivenöl in einem Topf erhitzen und die Zwiebelstücke zusammen mit dem Knoblauch bei mittlerer Hitze andünsten, bis die Zwiebeln glasig sind. Dann Sellerie, Karotten und Quinoa mit dem Thymian und den Lorbeerblättern dazugeben und 2–3 Minuten anbraten.
4. Danach Gemüse und Quinoa mit dem Wasser aufgießen und aufkochen lassen. Sobald das Wasser kocht, zurückschalten und etwa 15 Minuten auf kleiner Stufe abgedeckt weiterköcheln lassen.
5. Die weißen Bohnen und den Babyspinat in die Suppe geben und alles weitere 5 Minuten köcheln lassen.
6. Nun die Suppe vom Herd nehmen, mit Salz und Pfeffer abschmecken und anrichten. Übrigens: Je länger du die Suppe ziehen lässt, umso geschmackvoller wird sie.

FRÜHLINGSHAFTER QUINOA-SALAT

Unser Quinoa-Salat ist genau das Richtige, wenn endlich die ersten warmen Sonnenstrahlen durch die graue Winterdecke scheinen.

ZUTATEN:

1 TASSE QUINOA
2 TASSEN WASSER
KICHERERBSEN AUS DER DOSE (ABTROPFGEWICHT 240 G)
1 AVOCADO
½ FETA
SAFT EINER ZITRONE
2 EL OLIVENÖL
1–2 EL ESSIG
SALZ
FRISCHER KORIANDER

CA. 20 MINUTEN
2 PORTIONEN

SO WIRD'S GEMACHT:

1. Quinoa über einem Sieb mit kaltem Wasser abschwemmen.
2. Das Wasser in einem Topf zum Kochen bringen und die Quinoa-Körner dazugeben. Nun auf mittlere Hitze zurückschalten, den Topf zudecken und weiterköcheln lassen (etwa 10–13 Minuten), bis der Quinoa gequollen ist. Danach die Quinoa-Körner etwa 1 Stun-de abkühlen lassen.
3. Die Kichererbsen über einem Sieb abtropfen lassen. Die Avocado entkernen, das Fruchtfleisch auslöffeln und in Würfel schneiden. Den Feta klein würfeln.
4. Nun Quinoa, Kichererbsen, Avocado und Feta in eine Salatschüssel geben, Zitronensaft darübergießen und mit Olivenöl, Essig und Salz abschmecken. Zum Schluss mit frischem Koriander garnieren.

JULIAS TIPP

Wer den Salat lieber vegan genießen möchte, ersetzt den Feta einfach durch Chilitofu.

GRÜNE CAPRESE

Wir finden, es muss nicht immer Mozzarella in dem Caprese sein, auch mit Avocado schmeckt es uns hervorragend. Der Sommer kann kommen!

ZUTATEN:

- 2 AVOCADOS
- 2 GROSSE TOMATEN
- 1 HANDVOLL BASILIKUMBLÄTTER
- 2 EL OLIVENÖL
- 1 EL BALSAMICO-ESSIG
- FRISCH GEMAHLENER PFEFFER
- SALZ

CA. 10 MINUTEN

2 PORTIONEN

SO WIRD'S GEMACHT:

1. Avocados von Kern und Schale lösen und das Fruchtfleisch in Scheiben schneiden.
2. Die Tomaten waschen und in Scheiben schneiden. Tomate und Avocado abwechselnd auf dem Teller anrichten.
3. Den Basilikum mit einem feuchten Tuch vorsichtig abrubbeln und Avocados und Tomaten damit garnieren.
4. Mit Olivenöl und Balsamico beträufeln und mit frischem Pfeffer und Salz gewürzt servieren.

BOHNEN-FETA-SALAT

Dieser eiweißreiche Bohnensalat passt in jede Jahreszeit und schmeckt mit unserem selbst gebackenen Vollkornbrot (siehe S. 66) besonders gut.

ZUTATEN:

KIDNEY-BOHNEN AUS DER DOSE (ABTROPFGEWICHT 240 G)
2 GROSSE TOMATEN
3 KAROTTEN
½ FETA
2 EL OLIVENÖL
2 EL BALSAMICO-ESSIG
SALZ

CA. 10 MINUTEN
2 PORTIONEN

SO WIRD'S GEMACHT:

1. Die Bohnen in einem Sieb abtropfen lassen.
2. Das Gemüse waschen, gegebenenfalls schälen und klein schneiden. Den Feta würfeln.
3. Nun das Gemüse und den Käse in eine Salatschüssel geben und mit Olivenöl, Balsamico und einer Prise Salz abschmecken.

LUISAS TIPP

Achte beim Kauf von Balsamico-Essig unbedingt auf die Inhaltsstoffe!

KICHERERBSEN-APFEL-SALAT

Ein schmackhafter Herbstsalat, der dir auch an stürmischen Herbsttagen ein Lächeln ins Gesicht zaubert.

ZUTATEN:

- 1 ROTER APFEL
- 1 GRÜNE PAPRIKA
- KICHERERBSEN AUS DER DOSE (ABTROPFGEWICHT 240 G)
- SAFT EINER HALBEN ZITRONE
- 1 EL SESAMPASTE (TAHINI)
- 1 EL BALSALMICO-ESSIG
- FRISCHE PETERSILIE

CA. 20 MINUTEN

1 PORTION

SO WIRD'S GEMACHT:

1. Apfel und Paprika waschen, entkernen und klein schneiden. Die Kichererbsen gut abtropfen lassen.
2. Für das Dressing den Zitronensaft mit Sesampaste und Balsamico mischen.
3. Die Apfel- und Paprikastücke mit den Kichererbsen vermengen. Das Dressing unterheben.
4. Petersilie waschen, trocken schütteln, fein hacken und mit dem Salat vermischen.

KARAMELLISIERTER BIRNEN-LINSEN-SALAT

Diesen Salat könnten wir jeden Tag essen. Die Kombination aus Linsen, Birnen und Roter Bete ist einfach unschlagbar.

ZUTATEN:

50 G LINSEN
1 BIRNE
OLIVENÖL
2 EL BALSALMICO-ESSIG
1 EL AGAVENDICKSAFT
2 GROSSE KAROTTEN
1 VORGEGARTE ROTE BETE
SALZ UND FRISCH GEMAHLENER PFEFFER
100 G FELDSALAT
20 G WALNÜSSE

CA. 30 MINUTEN

2 PORTIONEN

SO WIRD'S GEMACHT:

1. Linsen in kochendem Wasser 15–20 Minuten kochen. Abgießen und kalt abspülen.
2. Birne waschen, Kerngehäuse entfernen und in Spalten schneiden. 4 Esslöffel Olivenöl, Balsamico, Agavendicksaft und etwas Wasser in einer Pfanne mit den Birnenstücken leicht köcheln lassen. Die Birnenstücke herausnehmen und die Flüssigkeit für das Salatdressing aufbewahren.
3. Karotten schälen und in feine Scheiben schneiden. Rote Bete in Würfel schneiden.
4. Linsen, Rote Bete und Karotten in die Pfanne mit dem Dressing geben und mit einer Prise Salz und Pfeffer kurz schwenken.
5. Den Feldsalat gründlich waschen und mit dem restlichen Gemüse und dem Dressing in einer großen Schüssel mischen. Mit Walnüssen garnieren.

SALAT-DRESSINGS

CA. 5 MINUTEN

FÜR EINEN GROSSEN SALAT ODER 4 KLEINE BEILAGENSALATE

Wenn du auch von langweiligen Dressings die Nase voll hast, dann gut aufgepasst, hier kommen unsere besten Rezepte zur Salatveredelung.

MANGO-LIMETTE

ZUTATEN:

- 1 MANGO
- SAFT VON 2 LIMETTEN
- 1 EL OLIVENÖL
- 1 PRISE SALZ

SO WIRD'S GEMACHT:

Die Mango schälen und das Fruchtfleisch mit den restlichen Zutaten zu einer Creme pürieren.

HIMBEER

ZUTATEN:

- 100 G HIMBEEREN
- 4 EL APFELESSIG
- 4 EL OLIVENÖL
- 4 EL WASSER
- 1 PRISE SALZ
- FRISCH GEMAHLENER PFEFFER

SO WIRD'S GEMACHT:

Himbeeren mit einer Gabel vorsichtig in den restlichen flüssigen Zutaten zerdrücken. Mit Salz und Pfeffer abschmecken.

ORANGE-ROSMARIN

ZUTATEN:

3 ORANGEN
2 EL ROSMARIN
3 EL OLIVENÖL
1 PRISE SALZ

SO WIRD'S GEMACHT:

Orangen auspressen, Rosmarin klein hacken und mit Öl und Salz gut verrühren.

AVOCADO-SENF

ZUTATEN:

½ AVOCADO
3 EL OLIVENÖL
1 EL MITTELSCHARFER SENF
SAFT EINER ZITRONE
1 PRISE SALZ
FRISCH GEMAHLENER PFEFFER

SO WIRD'S GEMACHT:

Avocado-Fruchtfleisch von Schale und Kern lösen und in den restlichen Zutaten mit einer Gabel zerdrücken. In einem Mixer alles gut vermengen.

NUSS

ZUTATEN:

50 G HASELNÜSSE, GROB GEHACKT
5 EL OLIVENÖL ODER NUSSÖL
2 EL APFELESSIG
JE 1 PRISE SALZ UND FRISCH GEMAHLENER PFEFFER

SO WIRD'S GEMACHT:

Die Haselnüsse ohne Öl in der Pfanne rösten. Die restlichen Zutaten dazugeben und abkühlen lassen.

MEXIKANISCHER SALAT-WRAP

Wenn du abends Kohlenhydrate sparen willst, dann bereite deine Wraps doch einfach mal mit Salat zu.

ZUTATEN:

KOPFSALAT

250 G BIO-PUTENBRUSTFILETS

SALZ UND FRISCH GEMAHLENER PFEFFER

CHILIPULVER

KIDNEY-BOHNEN AUS DER DOSE (ABTROPFGEWICHT 100 G)

MAIS AUS DER DOSE (ABTROPFGEWICHT 100 G)

½ PAPRIKA

2 TOMATEN

1 TL KOKOSÖL

FÜR DIE SOSSE:

150 G JOGHURT

FRISCHE KRÄUTER, Z.B. PETERSILIE ODER SCHNITTLAUCH

SALZ

CA. 20 MINUTEN

4 WRAPS

SO WIRD'S GEMACHT:

1. Vom Kopfsalat die großen Blätter abtrennen und gut waschen.
2. Die Filets mit einem scharfen Messer in kleine Stücke schneiden und mit Salz, Pfeffer und etwas Chilipulver marinieren.
3. Die Bohnen in einem Sieb abtropfen lassen. Das Gemüse waschen und klein schneiden.
4. Kokosöl in einer Pfanne erhitzen und das Putengeschnetzelte goldbraun anbraten.
5. Die Salatblätter nun mit dem Gemüse und dem Fleisch füllen und zusammenrollen.
6. Für die Soße das Joghurt und die klein gehackten Kräuter mit einer Prise Salz verschmischen.

VEGETARISCHER SALAT-WRAP

Das Wrap-Rezept lässt sich beliebig abwandeln. So kommen auch Vegetarier auf ihre Kosten.

VEGETARISCH

ZUTATEN:

KOPFSALAT
3–4 HANDVOLL RUCOLA
2–3 TOMATEN
250 G RICOTTA
SALZ UND FRISCH GEMAHLENER PFEFFER
OLIVENÖL

CA. 10 MINUTEN

4 WRAPS

SO WIRD'S GEMACHT:

1. Vom Kopfsalat die großen Blätter abtrennen und gut waschen.
2. Rucola und Tomaten waschen und klein schneiden.
3. Nun die Salatblätter großzügig mit Ricotta bestreichen und die Tomatenstücke und den Rucola darauf verteilen.
4. Mit einer Prise Salz und Pfeffer würzen, ein paar Spritzer Olivenöl darübergießen und die Salatblätter zu einem Wrap zusammenrollen.

VEGANER SALAT-WRAP

Für Veganer empfehlen wir diesen wunderbaren Wrap, der ganz ohne tierische Produkte auskommt.

VEGAN

ZUTATEN:

KOPFSALAT

1 HANDVOLL COCKTAILTOMATEN

1 AVOCADO

1 KNOBLAUCHZEHE

200 G CHILITOFU

1 TL KOKOSÖL

SALZ UND FRISCH GEMAHLENER PFEFFER

CA. 15 MINUTEN

4 WRAPS

SO WIRD'S GEMACHT:

1. Vom Kopfsalat die großen Blätter abtrennen und gut waschen.
2. Aus den restlichen Zutaten eine Art Guacamole zubereiten: Die Tomaten gut waschen und zusammen mit dem Avocado-Fruchtfleisch in eine Schüssel geben. Knoblauch schälen, dritteln und zu den Tomaten und der Avocado hinzufügen. Nun alles mit dem Pürierstab grob zerkleinern.
3. Den Tofu würfeln und in einer Pfanne das Öl erhitzen. Die Tofuwürfel in der Pfanne einmal scharf anbraten und auf einer Küchenrolle kurz abtropfen lassen.
4. Jetzt die Salatblätter mit der Avocado-Creme bestreichen, die Tofuwürfel darauf verteilen, mit Salz und Pfeffer abschmecken und die Blätter zusammenrollen.

ZUCCHINI-SPAGHETTI BOLOGNESE

Diese Zucchini-Spaghetti sind der Hit.
Lecker und noch dazu gesund. Du wirst sie lieben!

ZUTATEN:

1 ZWIEBEL
2 KNOBLAUCHZEHEN
OLIVENÖL
200 G MAGERES BIO-RINDERHACK ODER NATURTOFU
1 TOMATE
1 GROSSE KAROTTE
EIN PAAR BASILIKUMBLÄTTER
PFEFFER
4 EL TOMATENMARK
100 G PASSIERTE TOMATEN
2 GROSSE ZUCCHINI
OLIVENÖL

CA. 20–30 MINUTEN
2 PORTIONEN

SO WIRD'S GEMACHT:

1. Zwiebel und Knoblauchzehen schälen und klein schneiden. Olivenöl in einer Pfanne erhitzen und die Stücke andünsten.
2. Falls du Tofu verwendest, diesen in kleine Stücke schneiden, in eine Schüssel geben und mit einer Gabel zerbröseln. Tofu oder Rinderhack einige Minuten in der Pfanne bei mittlerer Hitze anbraten.
3. Tomate und Karotte klein schneiden und zum Fleisch bzw. Tofu geben. Basilikumblätter mit einem feuchten Tuch vorsichtig abrubbeln, fein hacken und ebenfalls untermengen.
4. Gut pfeffern, Tomatenmark und passierte Tomaten zugeben und 1 Minute köcheln lassen.
5. Die Zucchini waschen, mit einem Spiralschneider in Spaghetti-Form schälen und zu der Soße hinzufügen. Kurz bei mittlerer Hitze anbraten und mit Basilikumblättern garniert servieren.

JULIAS TIPP

Etwas weißes Mandelmus kann als Parmesan-Ersatz dienen.

SALBEI-PASTA MIT KÜRBIS UND RICOTTA

Kürbis, Salbei und Ricotta — müssen wir mehr zu dieser wahnsinnig leckeren Zutatenkombination sagen?

ZUTATEN:

500 G HOKKAIDO-KÜRBIS
1—2 KNOBLAUCHZEHEN
FRISCHE SALBEIBLÄTTER
SALZ UND FRISCH GEMAHLENER PFEFFER
2 EL OLIVENÖL
200 G VOLLKORNNUDELN (Z.B. DINKEL ODER MAIS)
125 G RICOTTA

CA. 20 MINUTEN

2 PORTIONEN

SO WIRD'S GEMACHT:

1. Den Backofen auf 180 °C (Umluft) vorheizen.
2. Den Hokkaido-Kürbis schälen und in etwa 1,5 cm große Stücke zerteilen. Die Knoblauchzehen schälen und in dünne Scheiben schneiden. Salbeiblätter mit einem feuchten Tuch abrubbeln und grob hacken.
3. Nun den Kürbis gemeinsam mit dem Knoblauch und dem Salbei in eine Auflaufform geben und mit einer Prise Salz, Pfeffer und Olivenöl beträufeln. Alles gut durchmischen und 15—20 Minuten im Ofen backen.
4. In der Zwischenzeit die Nudeln in Salzwasser gar kochen und anschließend abseihen.
5. Die Form aus dem Backofen nehmen, die Nudeln dazugeben und in der Auflaufform schwenken.
6. Nun jede Portion mit ein 2—3 Teelöffeln Ricotta anrichten.

AVOCADO-PASTA MIT COCKTAILTOMATEN

Wir finden, Avocado und Pasta harmonieren einfach perfekt. Einfach mal ausprobieren!

ZUTATEN:

- 200 G VOLLKORNNUDELN (Z.B. DINKEL ODER MAIS)
- 2 AVOCADOS
- SAFT UND SCHALE VON EINER BIO-LIMETTE ODER ZITRONE
- BASILIKUMBLÄTTER
- 1–2 KNOBLAUCHZEHEN
- 2 HANDVOLL COCKTAILTOMATEN
- SALZ UND FRISCH GEMAHLENER PFEFFER

CA. 20 MINUTEN

2 PORTIONEN

SO WIRD'S GEMACHT:

1. Die Nudeln in leicht gesalzenem Wasser gar kochen und anschließend abseihen.
2. Das Fruchtfleisch der Avocados mit einem Löffel herausschälen und in eine Schüssel geben. Die Limette heiß abwaschen und die Schale abreiben. Anschließend den Saft auspressen. Basilikumblätter mit einem feuchten Tuch vorsichtig abrubbeln und einen Teil davon für später beiseitelegen. Die Knoblauchzehen klein schneiden.
3. Nun alles zur Avocado hinzufügen, etwas salzen und pfeffern und so lange pürieren, bis eine cremige Masse entsteht. Die Tomaten halbieren.
4. Die Nudeln mit der Avocado-Creme, den Tomatenhälften sowie dem restlichen Basilikum anrichten und mit Salz und Pfeffer abschmecken.

QUINOA-MAKI

Sushi-Fans aufgepasst! Wenn du Maki bisher nur mit Reis kanntest, solltest du unsere Quinoa-Variante schleunigst ausprobieren. Auch für Veganer geeignet.

ZUTATEN:

150 G QUINOA
450 ML WASSER
CA. 4 EL MANDEL- ODER ERDNUSSMUS
1 SÜSSKARTOFFEL
1 BUND BABYSPINAT
1 AVOCADO
4 NORI-BLÄTTER
2 EL SESAM
SALZ

AUSSERDEM:

1 BAMBUS-SUSHI-MATTE

CA. 40 MINUTEN
2 PORTIONEN

SO WIRD'S GEMACHT:

1. Quinoa über einem Sieb mit kaltem Wasser abschwemmen. 450 ml Wasser in einem Topf zum Kochen bringen und die Quinoa-Körner dazugeben. Auf mittlere Hitze zurückschalten, den Topf zudecken und 10–13 Minuten weiterkochen, bis er gequollen ist. Danach vollständig abkühlen lassen. Anschließend mit dem Nussmus vermengen.

2. In einem weiteren Topf Wasser zum Kochen bringen und die Süßkartoffel darin 20 Minuten gar kochen.

3. Den Babyspinat waschen. Die Avocado halbieren, entkernen und das Fruchtfleisch in etwa 5 mm breite Streifen schneiden.

4. Die gare Süßkartoffel schälen und abkühlen lassen. Danach in etwa 1 cm breite Streifen schneiden.

5. Die Sushi-Matte auflegen, ein Nori-Blatt darauflegen und die Quinoa-Körner locker darauf verteilen; dabei am oberen Ende des Blatts etwa 2 cm aussparen. Nun ein bisschen Sesam und Salz darüber streuen, die Spinatblätter darauf verteilen und nach Lust und Laune die Süßkartoffel- und Avocado-Streifen platzieren.

6. Nun das Nori-Blatt am oberen Streifen etwas anfeuchten und die Maki-Rolle mithilfe der Sushi-Matte zusammenrollen. Mit einem sehr scharfen Messer die Makis in der Breite deiner Wahl zuschneiden. Die Maki am besten mit Sojasoße und eingelegtem Ingwer genießen.

SUMMER ROLLS

Das ist unsere Empfehlung für heiße Tage, an denen du so wenig Zeit wie möglich in der Küche sein möchtest.

ZUTATEN:

50 G QUINOA
150 ML WASSER
150 G GERÄUCHERTEN TOFU
1 TL KOKOSÖL
GEMÜSE DEINER WAHL (KAROTTEN, PAPRIKA, FRÜHLINGSZWIEBEL)
FRISCHE MINZBLÄTTER
CA. 8 BLÄTTER REISPAPIER
CHILIFLOCKEN, NACH BELIEBEN
SALZ UND FRISCHER PFEFFER

ERDNUSSSOSSE:

3 EL ERDNUSSCREME
1 EL BIO-SOJASOSSE
1 EL AGAVENDICKSAFT
2 EL WASSER
SAFT EINER LIMETTE

CHILISOSSE:

40 ML REISESSIG
2 EL BIO-SOJASOSSE
1 EL AGAVENDICKSAFT
2 EL WASSER
JE 1 TL CHILISOSSE UND -FLOCKEN
SAFT EINER LIMETTE

SO WIRD'S GEMACHT:

1. Quinoa in einem Sieb mit kaltem Wasser abschwemmen. Anschließend mit 150 ml Wasser aufkochen, auf niedrige Hitze zurückschalten und etwa 15 Minuten quellen lassen.

2. Den Tofu in kleine Würfel schneiden, in einer Pfanne das Kokosöl erhitzen und die Würfel scharf anbraten. Zum Abkühlen beiseitestellen.

3. Soße deiner Wahl zubereiten: Dafür alle Zutaten gut mischen.

4. Gemüse und Minzblätter waschen und in dünne Streifen schneiden. In der Zwischenzeit sollten die Quinoa-Körner fertig gequollen sein; Topf vom Herd nehmen und auskühlen lassen.

5. Jetzt kannst du die Summer Rolls zubereiten: Zuerst ein Küchentuch gut befeuchten und auf die Arbeitsfläche legen. Das Reispapier 10–15 Minuten in kaltes Wasser tauchen und auf das Tuch legen. In der Mitte des Reispapiers Gemüse, Tofu und Quinoa drapieren, mit Salz, Pfeffer und Chiliflocken würzen und zusammenrollen. Zusammen mit der Soße und weiteren Minzblättern servieren.

CA. 30–40 MINUTEN

8 SUMMER ROLLS

WILDLACHS MIT ERBSENPÜREE

Lachs ist lecker und hat noch dazu viele gesunde Fette. Achte beim Kauf aber unbedingt auf die Herkunft!

ZUTATEN:

1 GROSSE KARTOFFEL
100 ML GEMÜSEBRÜHE
250 G ERBSEN, FRISCH ODER TIEFGEKÜHLT
SALZ UND FRISCH GEMAHLENER PFEFFER
2–3 EL MILCH DEINER WAHL
2 WILDLACHSFILETS Á 200 G
SAFT EINER HALBEN ZITRONE
1–2 TL KOKOSÖL
FRISCHER DILL

CA. 40 MINUTEN

2 PORTIONEN

SO WIRD'S GEMACHT:

1. Die geschälte Kartoffel in einem Topf mit leicht gesalzenem Wasser 15–20 Minuten gar kochen.
2. In einem anderen Topf die Gemüsebrühe zubereiten und die Erbsen darin etwa 5 Minuten köcheln lassen.
3. Die gare Kartoffel grob zerstampfen und zu den Erbsen geben. Nach Belieben salzen und pfeffern. Anschließend pürieren, bis eine cremige Masse entsteht. Die Milch vorsichtig unterziehen.
4. Die Lachsfilets mit dem Zitronensaft beträufeln und salzen.
5. In einer Pfanne auf mittlerer Stufe das Öl erhitzen und die Filets mit der Schuppenseite nach unten hineinlegen. Jetzt auf niedrige Hitze zurückschalten und den Lachs von beiden Seiten etwa 2 Minuten anbraten. Aus der Pfanne nehmen und ein paar Minuten ruhen lassen.
6. Nun kann alles angerichtet und mit Dill garniert werden.

FRIKADELLEN MIT ROTE-BETE-SALAT

Süßkartoffel-Mais-Frikadellen sind eines unserer Lieblingsessen und diese hier sind noch dazu absolut clean.

ZUTATEN:

- 2 SÜSSKARTOFFELN
- 1 BUND FRÜHLINGSZWIEBELN
- MAIS AUS DER DOSE (ABTROPFGEWICHT 100 G)
- 4 STÄNGEL FRISCHER KORIANDER
- 1 BIO-EI
- 1 SCHUSS ZITRONESAFT
- 300 G VORGEGARTE ROTE BETE
- 2 GROSSE TOMATEN
- 4 EL OLIVENÖL
- 2 EL BALSAMICO-ESSIG
- SALZ UND FRISCH GEMAHLENER PFEFFER

30–40 MINUTEN

2–3 PORTIONEN

SO WIRD'S GEMACHT:

1. Den Backofen auf 180 °C (Unter-/Oberhitze) vorheizen. Süßkartoffeln in Scheiben schneiden und auf einem mit Backpapier belegten Blech etwa 30 Minuten im Backofen garen, bis sie weich sind. Anschließend auskühlen lassen. Den Ofen anlassen.
2. In der Zwischenzeit die Frühlingszwiebeln waschen und klein schneiden. Den Mais abtropfen lassen. Den Koriander mit einem feuchten Tuch vorsichtig abrubbeln und die Blätter fein hacken.
3. Die Schalen der Süßkartoffeln vorsichtig abziehen und die Süßkartoffeln mit einer Gabel oder einem Pürierstab zu einem Brei verarbeiten.
4. Ei, Frühlingszwiebeln, Mais, Koriander und Zitronensaft mit dem Süßkartoffelbrei vermengen und aus dem Teig Frikadellen formen.
5. Für den Salat die Rote Bete in feine Stifte schneiden. Die Tomaten würfeln und mit den Rote-Bete-Stiften in einer Salatschüssel vermischen. 2 Esslöffel Öl und den Balsamico darüber träufeln, mit Salz und Pfeffer abschmecken und alles gut vermengen.
6. In einer Pfanne 2 Esslöffel Olivenöl auf mittlerer Stufe erhitzen und die Frikadellen darin platzieren. Auf beiden Seiten goldbraun braten.
7. Die fertigen Frikadellen gemeinsam mit dem Salat und frischem Koriander anrichten.

JULIAS TIPP

Die Frikadellen eignen sich auch super als vegetarische Burgerlaibchen.

OFENGEMÜSE

Die einfachste Möglichkeit, frisches Gemüse zuzubereiten, ist diejenige im Backofen. Verwende dabei am besten regionales Gemüse der Saison.

ZUTATEN:

- 3 KAROTTEN
- 1 GROSSE ZWIEBEL
- 1 ZUCCHINI
- 1 GELBE PAPRIKA
- 1 HANDVOLL COCKTAILTOMATEN
- SALZ UND FRISCH GEMAHLENER PFEFFER
- FRISCHE ODER GETROCKNETE KRÄUTER, NACH BELIEBEN
- 3 EL OLIVENÖL

FÜR DIE VARIANTEN:

- GERÄUCHERTER TOFU
- FETA
- POCHIERTES EI (SIEHE S. 70)

CA. 40 MINUTEN

2 PORTIONEN

SO WIRD'S GEMACHT:

1. Den Backofen auf 180–200 °C (Umluft) vorheizen.
2. Das Gemüse waschen und gegebenenfalls schälen. Die Zwiebel vierteln und das restliche Gemüse bis auf die Tomaten grob würfeln bzw. klein schneiden.
3. Nun das Gemüse in eine Auflaufform geben, salzen und pfeffern und die Kräuter darüberstreuen. Du kannst die Kräuter verwenden, die du gerne magst – wir lieben dieses Gericht mit Rosmarin und Thymian. Wer mag, kann nun zusätzlich Tofu, Feta oder ein pochiertes Ei dazugeben. Zuletzt noch das Olivenöl darüber verteilen, alles einmal gut durchmischen und in den Ofen schieben.
4. Nach etwa 15 Minuten alles einmal durchmischen und weitere 15 Minuten backen. Danach sollte dein Ofengemüse bissfest und fertig zum Anrichten sein.

GEMÜSEAUFLAUF MIT MANDELSOSSE

Wir essen täglich Gemüse in jeglicher Form.
Dieser Auflauf hat es uns ganz besonders angetan.

ZUTATEN:

2 KLEINE ZUCCHINI
2 GROSSE TOMATEN
1 SÜSSKARTOFFEL
2 KNOBLAUCHZEHEN
5 EL OLIVENÖL
2 ZWEIGE FRISCHER THYMIAN
2 ZWEIGE FRISCHER ROSMARIN
5 EL MANDELMUS
250 ML WASSER
SALZ UND FRISCH GEMAHLENER PFEFFER
SAFT EINER ZITRONE

CA. 30–40 MINUTEN
2–3 PORTIONEN

SO WIRD'S GEMACHT:

1. Zucchini und Tomaten waschen, die Süßkartoffel schälen und in etwa 5 mm dicke Scheiben schneiden. Den Knoblauch schälen und in feine Stücke schneiden. Den Ofen aus 170 °C (Ober-/Unterhitze) vorheizen.

2. Eine Auflaufform mit etwas Olivenöl einfetten und die Gemüsescheiben abwechselnd in die Auflaufform schlichten. Thymian und Rosmarin grob zerkleinern und über das Gemüse streuen.

3. In einer kleinen Schüssel das Mandelmus mit dem Wasser verquirlen, ein wenig salzen und über das Gemüse gießen.

4. Nun den Auflauf 15–20 Minuten im Ofen backen.

5. Mit Salz und Pfeffer abschmecken, auf einem Teller anrichten und zum Schluss mit etwas Zitronensaft beträufeln.

KÜRBIS-KARTOFFEL-CHILI

Unser cleanes Chili überzeugt mit leckeren Zutaten und ist dabei ganz und gar fleischlos.

ZUTATEN:

CA. 200 G HOKKAIDO-KÜRBIS
3 KARTOFFELN
MAIS AUS DER DOSE (ABTROPFGEWICHT CA. 280 G)
2 ZWIEBELN
3 EL OLIVENÖL
½ TL GETROCKNETER MAJORAN
½ TL GETROCKNETER THYMIAN
1 TL GEMAHLENER KREUZKÜMMEL
1 TL CHILIPULVER
5 EL TOMATENMARK
100 G HIRSE
500 ML WASSER
SALZ UND FRISCHER PFEFFER

CA. 45 MINUTEN

2–3 PORTIONEN

SO WIRD'S GEMACHT:

1. Kürbis und die Kartoffeln schälen und klein würfeln. Mais in einem Sieb abtropfen lassen. Zwiebeln schälen und fein hacken.
2. In einem großen Topf das Olivenöl erhitzen und die Zwiebel darin anschwitzen. Majoran, Thymian, Kreuzkümmel, Chilipulver und Tomatenmark dazugeben und unter ständigem Rühren etwa 5 Minuten anbraten.
3. Nun Kürbis, Kartoffeln, Mais und Hirse dazugeben und alles mit 500 ml Wasser aufgießen. Aufkochen lassen, auf mittlere Hitze zurückschalten und bedeckt 25–30 Minuten weiterköcheln lassen; dabei immer wieder umrühren.
4. Vor dem Servieren mit Salz und Pfeffer abschmecken.

PUTENBRUST IN SALBEI-ZITRONEN-MARINADE

Dieses leckere Putenbrustfilet wird in Alufolie zubereitet und am Ende mit Süßkartoffelbrei genossen.

ZUTATEN:

- 2 SÜSSKARTOFFELN
- 1–2 KNOBLAUCHZEHEN
- FRISCHE SALBEIBLÄTTER
- 1 BIO-ZITRONE
- 2 BIO-PUTENBRUSTFILETS Á 150–200 G
- 2 EL OLIVENÖL
- SALZ UND FRISCH GEMAHLENER PFEFFER
- ⅓ TL GERIEBENE MUSKATNUSS
- 50 ML MILCH DEINER WAHL

CA. 40 MINUTEN

2 PORTIONEN

SO WIRD'S GEMACHT:

1. Wasser in einem Topf zum Kochen bringen und die Süßkartoffeln hineingeben. Bedeckt 15–20 Minuten köcheln lassen.
2. Den Backofen auf 180 °C (Umluft) vorheizen.
3. Knoblauch schälen und in dünne Scheiben schneiden. Salbeiblätter mit einem feuchten Tuch abrubbeln und grob hacken. Zitronenschale heiß abwaschen, einige Zesten abschälen und die Zitrone auspressen.
4. 2 Stücke Alufolie abtrennen und die Putenbrustfilets darauf platzieren. Danach das Olivenöl einmassieren, Knoblauch, Salbei und Zitronenzesten darauf verteilen und den Zitronensaft darüberträufeln. Zum Schluss noch ein bisschen salzen und pfeffern und das Alufolien-Päckchen verschließen. Nun die Päckchen in eine Auflaufform legen und etwa 30 Minuten im Ofen garen.
5. Die gar gekochten Süßkartoffeln schälen und grob zerkleinern. Muskatnuss und Milch hinzufügen und pürieren.
6. Die fertigen Filets aus der Alufolie nehmen, zusammen mit dem Süßkartoffelbrei anrichten und mit dem Saft, der sich in der Folie gesammelt hat, begießen.

QUINOA-FRITTATAS MIT MANGOSOSSE

Ein etwas aufwendigeres Rezept für besondere Anlässe. Am besten servierst du zu den Frittatas Mandelsalat.

ZUTATEN:

FÜR DIE MINI-FRITTATAS:

OLIVENÖL
60 G QUINOA, 250 ML WASSER
200 G ZUCCHINI
4 EIWEISS, 2 EIGELB
½ ZWIEBEL
50 G BLATTSPINAT, FRISCH ODER TIEFGEKÜHLT
SALZ, PFEFFER UND CURRY

FÜR DIE MANGOSOSSE:

1 REIFE MANGO
50 ML WASSER

FÜR DEN SALAT:

100 G BLATTSALAT
1 HANDVOLL COCKTAILTOMATEN
1 GELBE PAPRIKA
½ SALATGURKE
APFELESSIG UND OLIVENÖL
SALZ UND FRISCHER PFEFFER
50 G UNGESCHÄLTE MANDELN

SO WIRD'S GEMACHT:

1. Ofen auf 180 °C (Umluft) vorheizen und ein Muffinblech mit etwas Olivenöl bestreichen.
2. Quinoa über einem Sieb mit kaltem Wasser abschwemmen, anschließend mit 250 ml Wasser zum Kochen bringen und 10–15 Minuten köcheln lassen
3. Zucchini reiben und mit den Eiern, Zwiebel, Blattspinat, 1 Prise Curry, Salz und Pfeffer verrühren. Quinoa hinzufügen und alles gut vermengen.
4. Die Mischung in die Muffinformen füllen, bis sie fast ganz bedeckt sind. Die Frittatas 20–25 Minuten im Ofen backen.
5. Für die Soße: Die Mango schälen, in Stücke schneiden und zusammen mit dem Wasser zu einer Soße pürieren.
6. Für den Salat: Blattsalat und restliches Gemüse waschen und klein schneiden. Mit Essig und Öl anmachen und mit Salz und Pfeffer abschmecken. Die Mandeln kurz vor dem Servieren unterheben.
7. Die Frittatas auf einem Teller anrichten und mit Mangosoße übergießen. Dazu den Salat servieren.

CA. 45 MINUTEN

10–12 MUFFINFORMEN, 3 PORTIONEN

STEAK MIT GEFÜLLTER ZUCCHINI

Für alle Fleischliebhaber haben wir ein super gutes und cleanes Steakgericht gezaubert.

ZUTATEN:

2 MITTELGROSSE ZUCCHINI
1 KNOBLAUCHZEHE
½ ZWIEBEL
6 COCKTAILTOMATEN
6 CHAMPIGNONS
RAPSÖL
1 TL GETROCKNETER ROSMARIN
2 EL TOMATENMARK
SALZ UND FRISCHER PFEFFER
1 PRISE CAYENNEPFEFFER, NACH BELIEBEN
2 BIO-STEAKS Á 200 G (1 STUNDE VOR DEM KOCHEN AUS DEM KÜHLSCHRANK NEHMEN)
FRISCHER ROSMARIN

CA. 40 MINUTEN

2 PORTIONEN

SO WIRD'S GEMACHT:

1. Den Backofen auf 180 °C (Ober-/Unterhitze) vorheizen.
2. Zucchini waschen und halbieren. Mit einem Teelöffel aushöhlen, das Fruchtfleisch klein hacken und beiseitelegen. Die Zucchinihälften auf ein mit Backpapier ausgelegtes Backblech in den Ofen legen.
3. Knoblauch und Zwiebel schälen und grob hacken. Cocktailtomaten und Champignons waschen bzw. säubern und klein schneiden.
4. In einer Pfanne Rapsöl erhitzen, Knoblauch und Zwiebeln hinzugeben und kurz andünsten. Rosmarin darüberstreuen. Zucchini-Fruchtfleisch, Cocktailtomaten und Champignons in die Pfanne geben.
5. Das Tomatenmark dazugeben und nach Geschmack mit Salz und Pfeffer sowie Cayennepfeffer würzen.
6. Die Zucchinihälften aus dem Ofen nehmen und mit der Tomatenmischung füllen. Die Hitze auf 110 °C reduzieren und die gefüllten Zucchini weitere 10 Minuten backen.
7. Das Steak abwaschen und mit Küchenpapier sorgfältig abtupfen. Kurz bevor es in die Pfanne kommt, mit Salz und Pfeffer würzen.
8. Alufolie zurechtlegen, das Rapsöl in der Pfanne erhitzen und das Steak zusammen mit dem Rosmarin auf beiden Seiten 3-4 Minuten (medium: innen noch Rosa) anbraten. Anschließend das Steak in die Alufolie packen und vor dem Servieren 2 Minuten ruhen lassen.

ROSTFREI INOX

PUTEN-CURRY MIT LINSEN

Ein leckeres Curry muss in jedes Kochbuch.
Wir empfehlen euch diese Kreation mit Linsen.

ZUTATEN:

200 G ROTE ODER GELBE LINSEN
1 BUND FRÜHLINGSZWIEBELN
1 WALNUSSGROSSES STÜCK INGWER
3 KAROTTEN
4 KLEINE KARTOFFELN
100 G ZUCKERSCHOTEN
2–3 EL CURRYPULVER (MILD ODER SCHARF, NACH BELIEBEN)
200 ML WASSER
200 ML KOKOSMILCH
2 EL OLIVENÖL
2 BIO-PUTENBRUSTFILETS Á 150–200 G
50 G CASHEWNÜSSE
FRISCHER KORIANDER

CA. 50 MINUTEN

2–3 PORTIONEN

SO WIRD'S GEMACHT:

1. Linsen in einem Sieb mit kaltem Wasser abschwemmen. Frühlingszwiebeln waschen und klein schneiden. Ingwer schälen und reiben. Kartoffeln und Karotten schälen und grob würfeln. Zuckerschoten waschen und bei Bedarf die Enden abschneiden.
2. Die Putenbrustfilets säubern und in mundgerechte Stücke schneiden.
3. In einem großen Topf das Olivenöl erhitzen und die Frühlingszwiebeln gemeinsam mit dem Ingwer andünsten. Danach Karotten, Zuckerschoten und Currypulver zufügen und etwa 5 Minuten unter Rühren anbraten.
4. Das Gemüse mit dem Wasser und der Kokosmilch aufgießen und die Kartoffeln zum Curry geben. Einmal aufkochen lassen, auf mittlere Hitze zurückschalten und bedeckt 10 Minuten weiterköcheln lassen.
5. In der Zwischenzeit in einer separaten Pfanne die Putenstücke mit Öl anbraten. Das Fleisch nicht zu lange braten, damit es nicht trocken wird. Danach beiseitestellen.
6. Nach den 10 Minuten die Linsen zum Curry geben und noch einmal etwa 15 Minuten weiterkochen lassen. Die Cashewnüsse klein hacken. Den Koriander mit einem feuchten Tuch vorsichtig abrubbeln und grob hacken.
7. Vor dem Anrichten das Fleisch unter das Curry mengen und alles mit Cashewnüssen und Koriander garnieren.

VEGANES BASILIKUM-PESTO

Frisches selbst gemachtes Pesto ist alles, was man zu einem Teller Pasta braucht.

ZUTATEN:

40 G BASILIKUM
2 KNOBLAUCHZEHEN
25 G PINIENKERNE
125 ML OLIVENÖL
1 PRISE SALZ

CA. 20 MINUTEN

CA. 1 GLAS Á 200 G

SO WIRD'S GEMACHT:

1. Die Basilikumblätter mit einem feuchten Tuch abrubbeln. Die Knoblauchzehen schälen und grob zerkleinern.

2. Nun die Pinienkerne in einer Pfanne ohne Öl bei mittlerer Hitze auf allen Seiten goldbraun anrösten. Unbedingt bei der Pfanne stehen bleiben, das kann plötzlich ganz schnell gehen. Danach beiseitestellen und ein paar Minuten abkühlen lassen.

3. Basilikum, Knoblauch, Pinienkerne und Olivenöl mit einer Prise Salz entweder im Standmixer oder mit einem Pürierstab zu einer cremigen Masse verarbeiten. In einem sterilisierten und gut geschlossenen Glas, ist das Pesto etwa 2 Monate haltbar.

JULIAS TIPP

Passt super zu unserem Vollkornbrot (siehe S. 66) oder ganz klassisch zu Pasta.

PIZZA GRUNDREZEPT

Pizza muss nicht ungesund sein. Diese cleane Version kannst du dir ohne schlechtes Gewissen gönnen. Je nach Belag wird die Pizza vegetarisch oder vegan.

ZUTATEN:

FÜR DEN TEIG:

1 WÜRFEL FRISCHE HEFE
250 ML WARMES WASSER
400 G DINKELMEHL
1 TL SALZ
1 EL AGAVENDICKSAFT

FÜR DIE SOSSE:

400 G GEHACKTE DOSENTOMATEN
1–2 TL GETROCKNETER OREGANO
1 PRISE GETROCKNETER THYMIAN
1 PRISE SALZ

FÜR DEN BELAG, NACH BELIEBEN:

ZWIEBELRINGE
KAROTTENRASPEL
ZUCCHINISCHEIBEN
TOMATENSCHEIBEN
FRISCHER SPINAT
FETA, GEWÜRFELT

CA. 30–40 MINUTEN

1 BLECH

SO WIRD'S GEMACHT:

1. Die Hefe in warmem Wasser auflösen, verrühren und etwa 5 Minuten ruhen lassen.

2. In der Zwischenzeit das Gemüse für die Soße und den Belag schneiden. Die Tomaten zum Entwässern nach dem Aufschneiden auf einen mit Küchenrolle ausgelegten Teller setzen und eine Prise Salz darüberstreuen.

3. Der Hefe eine Prise Salz und den Agavendicksaft beimischen und alles mit dem Mehl verkneten. Wenn sich ein glatter Teig ergeben hat, eine Kugel formen und in einem Gefäß etwa 10 Minuten gehen lassen.

4. Den Backofen auf 220 °C (Ober-/Unterhitze) vorheizen. Nun die Soße vorbereiten: Alle Zutaten vermengen und mit einem Pürierstab ein wenig pürieren; aber nicht zu viel, es sollen noch kleine Tomatenstückchen spürbar sein.

5. Den Teig auf dem Backblech ausrollen, die Soße dünn darauf verstreichen und mit deinen Lieblingszutaten belegen.

6. Die Pizza im Backofen 10–15 Minuten (je nach Dicke des Bodens) Minuten backen.

SNACKS

POWERBALLS

So klein und doch voller Energie. Diese kleinen Bällchen geben dir sofort die nötige Power, wenn du mal einen Nachmittagsdurchhänger hast.

ZUTATEN:

- 70 G CASHEWNÜSSE
- 30 G HAFERFLOCKEN
- 20 G KÜRBISKERNE
- 10 G SONNENBLUMENKERNE
- 200 G DATTELN
- 180 G CRANBERRIES
- GEPOPPTER AMARANTH ZUM WÄLZEN

30–50 MINUTEN

25–30 BÄLLCHEN

SO WIRD'S GEMACHT:

1. Die Cashewnüsse mit kochendem Wasser übergießen und ein paar Minuten einweichen lassen.
2. Haferflocken, Kürbiskerne und Sonnenblumenkerne mit der Küchenmaschine zu Mehl mahlen.
3. Nun die abgetropften Cashewnüsse gemeinsam mit den Datteln und den Cranberries in einer Küchenmaschine zerkleinern.
4. Nun die beiden „Teige" zusammenfügen und gut durchkneten.
5. Den gepoppten Amaranth auf einen Teller streuen, mit dem Teig Kugeln formen und diese in den Pops rollen. Die Powerballs in den Kühlschrank stellen und, wenn der kleine Hunger kommt, genießen.

LUISAS TIPP

Unser Energielieferant No. 1 für müde Stunden!

KNUSPRIGE KICHERERBSEN

Diesen gesunden Kichererbsensnack knuspern wir am liebsten abends vor dem Fernseher.

ZUTATEN:

KICHERERBSEN AUS DER DOSE (ABTROPFGEWICHT 300 G)

2 EL OLIVENÖL

1 PRISE SALZ

1 TL CURRYPULVER

½ TL CAYENNEPFEFFER, NACH BELIEBEN

CA. 50 MINUTEN

ZUM SNACKEN FÜR 2–3 PERSONEN

SO WIRD'S GEMACHT:

1. Den Backofen auf 180 °C (Umluft) vorheizen.
2. Die Kichererbsen gut abtropfen lassen und in einer Schüssel mit Öl und Gewürzen mischen, bis alle Kichererbsen damit bedeckt sind.
3. Kichererbsen auf einem Backblech mit Backpapier 30–40 Minuten rösten. Nach 15 Minuten einmal durchmischen.
4. Auskühlen lassen und genießen.

APFEL- UND BANANEN-CHIPS

Kartoffelchips aus dem Supermarkt waren gestern! Unsere Obstchips sind ein super Begleiter für unterwegs.

ZUTATEN:

4 BANANEN ODER 5 ÄPFEL

CA. 6 STUNDEN

100–150 G

SO WIRD'S GEMACHT:

1. Den Backofen auf 70 °C (Umluft) vorheizen.
2. Die Bananen schälen und in etwa 4 mm dicke Scheiben schneiden. Wenn du Apfel-Chips zubereiten möchtest, wasche und entkerne die Äpfel zuerst und schneide sie danach in Scheiben.
3. Die Scheiben auf das mit Backpapier ausgelegte Backblech legen und in den Ofen schieben. Damit Feuchtigkeit während des Backens entweichen kann, solltest du den Backofen einen Spalt breit offen lassen; am besten klemmst du einen hitzebeständigen Kochlöffel ein.
4. Nach 5–6 Stunden sollten die Chips fertig sein (je nachdem, wie dick du sie geschnitten hast). Beachte allerdings, dass sie erst während des Abkühlens ganz austrocknen.

JULIAS TIPP

Mach lieber gleich eine große Menge, weil der Energieaufwand der Zubereitung sehr hoch ist.

ZUCCHINI- UND SÜSSKARTOFFEL-CHIPS

Gemüsechips sind nicht nur zum Snacken ideal, sondern schmecken auch hervorragend zu Salaten.

ZUTATEN:

1 ZUCCHINI
1 SÜSSKARTOFFEL
1 PRISE SALZ

CA. 1 STUNDE
100–150 G

SO WIRD'S GEMACHT:

1. Den Backofen auf 110 °C (Umluft) vorheizen.
2. Die Zucchini bzw. die geschälte Süßkartoffel in feine Scheiben schneiden oder hobeln (etwa 5 mm dick).
3. Nun die Gemüsescheiben auf ein mit Backpapier ausgelegtes Backblech legen und mit einer Prise Salz würzen. Je nachdem, wie dick deine Chips sind, etwa 50–60 Minuten backen.

JULIAS TIPP

Die Gemüsechips eignen sich perfekt zum Dippen von Hummus (Rezept siehe S. 134).

HUMMUS

Wenn du den orientalischen Kichererbsen-Dip genauso gerne magst wie wir, wirst du dieses Rezept sicher bald einmal nachkochen wollen.

ZUTATEN:

- 2 KNOBLAUCHZEHEN
- KICHERERBSEN AUS DER DOSE (ABTROPFGEWICHT 250 G)
- 2 EL SESAMPASTE (TAHINI)
- SAFT EINER ZITRONE
- 2 EL OLIVENÖL
- 5 STIELE PETERSILIE
- 1 TL PAPRIKAPULVER, EDELSÜSS

CA. 15 MINUTEN

ZUM SNACKEN FÜR 3–4 PERSONEN

SO WIRD'S GEMACHT:

1. Den Knoblauch schälen und sehr fein hacken.
2. Den Knoblauch mit den Kichererbsen, Tahini und Zitronensaft pürieren. Das Olivenöl unterrühren.
3. Petersilie waschen, trocken schütteln und klein hacken. Unter den Hummus rühren und mit Paprikapulver würzen.

LUISAS TIPP

Du kannst den Hummus mit Ingwer, Babyspinat, Curry oder Roter Bete aufpeppen. Einfach die gewünschte Zutat am Ende zugeben und alles noch einmal pürieren.

NUSSMUS

Nussmus aus Cashewnüssen oder Mandeln passt einfach immer und überall dazu. Wir zeigen dir unser einfaches und cleanes Rezept.

ZUTATEN:

300 G NÜSSE (CASHEWNÜSSE ODER UNGESCHÄLTE MANDELN)

SO WIRD'S GEMACHT:

1. Den Backofen auf 130 °C (Umluft) vorheizen.
2. Die Nüsse auf einem mit Backpapier ausgelegten Backblech ausbreiten und etwa 20 Minuten im Ofen rösten. Danach sollten sie vollständig trocken und ein bisschen angeröstet sein; das intensiviert den Geschmack. Lass die Nüsse vor der Weiterverarbeitung abkühlen.
3. Die Nüsse in einer Küchenmaschine oder einem Hochleistungs-Standmixer zerkleinern. Dabei darauf achten, dass die Nüsse nicht zu warm werden, da sich sonst kein Mus bilden kann. Am besten zwischendurch immer wieder abkühlen lassen. Nun so lange mit der Küchenmaschine mahlen, bis ein schönes Mus entsteht. (Wenn du das Gefühl hast, dass das Mus zu trocken ist, kannst du auch noch ein paar Tropfen geschmacksneutrales Öl, wie z.B. Rapsöl, hinzufügen. Das kann vor allem beim Mandelmus nötig sein.)
4. Das fertige Mus in ein Glas abfüllen. Das Mus nicht im Kühlschrank aufbewahren, da es sonst aufgrund des Kondenswassers schnell schlecht werden kann.

CA. 50 MINUTEN

1 GLAS Á 80 ML

MINI-ZUCCHINI-PIZZEN

Zucchini als Pizzaboden? Das geht! Hier kommt der Beweis: Ein perfekter Pizzasnack für alle, die Pizza ohne schlechtes Gewissen genießen wollen.

ZUTATEN:

- 2 ZUCCHINI (MÖGLICHST DICK)
- 150 ML PASSIERTE TOMATEN
- 1 TL OREGANO
- SALZ UND FRISCH GEMAHLENER PFEFFER
- 1 HANDVOLL CHAMPIGNONS
- MAIS AUS DER DOSE (ABTROPGEWICHT 50 G)
- FETA, NACH BELIEBEN
- FRISCHE BASILIKUMBLÄTTER

CA. 20 MINUTEN

2 PORTIONEN

SO WIRD'S GEMACHT:

1. Die Zucchini waschen und in 0,5 cm dicke Scheiben schneiden. Den Backofen auf 180 °C (Ober-/Unterhitze) vorheizen.
2. Die Zucchinischeiben auf ein mit Backpapier ausgelegtes Backblech legen und etwa 5 Minuten im Ofen backen.
3. Die passierten Tomaten mit Oregano, Salz und Pfeffer mischen. Champignons säubern und in kleine Stücke hacken.
4. Die Zucchinischeiben mit der Tomatensoße bestreichen und abwechselnd mit Champignons, Mais und nach Belieben mit Feta belegen.
5. Weitere 10 Minuten im Ofen backen. Herausnehmen und nach Belieben mit etwas Salz und Pfeffer würzen. Mit Basilikumblättern garnieren und servieren.

JULIAS TIPP

Die Zucchini-Pizzen funktionieren natürlich mit jedem Belag deiner Wahl.

PIZZA

GRANOLA BARS

Wir lieben Granola Bars, aber oft bestehen die gekauften nur aus weißem Zucker und E-Nummern. Unsere cleane Alternative schmeckt besser und ist auf jeden Fall gesünder.

ZUTATEN:

- 50 G ZARTE HASELNÜSSE
- 30 G KÜRBISKERNE
- 50 G UNGESCHÄLTE MANDELN
- 1 VANILLESCHOTE
- 2–3 REIFE BANANEN
- 200 G HAFERFLOCKEN
- 50 G ROSINEN
- 3 EL GEPOPPTER AMARANTH
- 1 PRISE SALZ
- 30 ML WASSER

CA. 50 MINUTEN

12 RIEGEL

SO WIRD'S GEMACHT:

1. Den Backofen auf 180 °C (Umluft) vorheizen.
2. Haselnüsse, Kürbiskerne und Mandeln grob zerhacken. Die Vanilleschote aufschneiden und das Mark herauskratzen.
3. In einer Schüssel die Bananen mit einer Gabel gut zerdrücken, bis ein Brei entsteht.
4. Alle restlichen Zutaten unter den Bananenbrei mischen und den Teig auf einem mit Backpapier ausgelegten Blech verteilen und glatt streichen.
5. Nun die Riegel etwa 25 Minuten lang im Backofen backen. Die Riegel sollten fest und an den Rändern leicht gebräunt sein. Wenn die Masse abgekühlt ist, kannst du sie in Riegelform (ca. 4 x 8 cm) schneiden.

LUISAS TIPP

Super für den kleinen Hunger unterwegs!

OATMEAL-MUFFINS

Unsere Oatmeal-Muffins sind nicht nur ein leckeres Frühstück to go, sondern auch als Nachmittagssnack ein super Energielieferant. Überzeuge dich selbst!

ZUTATEN:

1 VANILLESCHOTE
1 BANANE
250 ML MILCH DEINER WAHL
2 EL AGAVENDICKSAFT
200 G VOLLKORNMEHL
100 G HAFERFLOCKEN
1 HANDVOLL ROSINEN, NACH BELIEBEN

CA. 25 MINUTEN
12 MUFFINS

SO WIRD'S GEMACHT:

1. Den Backofen auf 180 °C (Umluft) vorheizen. Die Vanilleschote aufschneiden und das Mark herauskratzen.
2. In der Küchenmaschine die Banane gemeinsam mit der Milch, dem Agavendicksaft und dem Vanilleschotenmark zerkleinern, bis eine breiige Masse entsteht.
3. Das Vollkornmehl mit den Haferflocken, den Rosinen und dem Backpulver vermischen und die Bananen-Milch-Mischung untermengen. Es sollte ein Teig entstehen, der eine ähnliche Konsistenz wie Porridge hat. Wenn er zu trocken ist, noch ein wenig Milch zugeben. Wenn er zu feucht ist, noch mehr Haferflocken dazumischen.
4. Nun in einem Muffinblech Papierförmchen platzieren, diese zu drei Viertel mit dem Teig füllen und das Blech in den Ofen schieben. Die Backzeit beträgt 10–15 Minuten. Anschließend auskühlen lassen.

JULIAS TIPP

Die Muffins eignen sich super zum Einfrieren. Wenn du morgens ein schnelles Frühstück brauchst, taust du sie einfach über Nacht auf.

DESSERTS

VEGANER SCHOKOPUDDING

Auf Schokolade können und wollen wir einfach nicht verzichten. Diesen Pudding schlemmen wir gerne nach einem langen und anstrengenden Tag.

ZUTATEN:

- ½ AVOCADO
- 1 BANANE
- 4 EL PFLANZENMILCH
- 1 EL HAFERFLOCKEN
- 2 TL UNGESÜSSTES KAKAOPULVER
- 2 EL KOKOSRASPEL
- FRISCHE MINZBLÄTTER

CA. 20 MINUTEN

1 PORTIONEN

SO WIRD'S GEMACHT:

1. Das Fruchtfleisch mit einem Löffel aus der Avocado schaben und in eine Schüssel geben.
2. Die Banane schälen, grob zerkleinern und zusammen mit den restlichen Zutaten zur Avocado hinzugeben. Alles mit einem Pürierstab zu einer cremigen puddingähnlichen Masse verarbeiten.
3. Den Pudding einige Stunden im Kühlschrank kühlen. Anschließend anrichten und mit ein paar Kokosraspeln und Minze garnieren.

KIWI-GOJI-SCHOKO-POPSICLES

Es muss nicht immer cremiges Eis sein – diese Popsicles bestehen aus reiner Frucht (und ein bisschen Schokolade, denn die macht uns glücklich).

ZUTATEN:

2 KIWIS

200 G ZARTBITTER-SCHOKOLADE

1 EL KOKOSÖL

GETROCKNETE GOJI-BEEREN ZUM EINTAUCHEN

AUSSERDEM:

HOLZSTÄBCHEN

3,5 STUNDEN

6–8 STÜCK

SO WIRD'S GEMACHT:

1. Die Kiwis schälen, in 1 cm dicke Scheiben schneiden und auf Holzstäbchen spießen. Etwa 2 Stunden in das Gefrierfach legen.
2. Zartbitterschokolade und Kokosöl im heißen Wasserbad in einer Schüssel schmelzen und etwas auskühlen lassen.
3. Die Goji-Beeren auf einen Teller streuen. Die Kiwischeiben zuerst vollständig in die geschmolzene Schokolade und anschließend in die Goji-Beeren tauchen.
4. Noch einmal etwa 30 Minuten in das Gefrierfach legen und genießen!

LUISAS TIPP

Falls tatsächlich welche übrigbleiben, bewahrst du sie im Gefrierfach auf.

HAPPY-BANANA-EISCREME

Eine cremige Leckerei für heiße Sommertage, die sich ganz nach Lust und Laune abwandeln lässt.

ZUTATEN:

2 SEHR REIFE BANANEN

TOPPINGS DEINER WAHL (Z.B. ZERHACKTE NÜSSE, FRÜCHTE ODER NUSSMUS)

SO WIRD'S GEMACHT:

1. Die Bananen schälen, vierteln und über Nacht ins Gefrierfach legen.
2. Die gefrorenen Bananen in die Küchenmaschine geben und zerkleinern. Auf niedriger Stufe beginnen und an den Wänden der Küchenmaschine die Eiscreme immer wieder hinunterstreichen, bis eine leckere eiscremeartige Konsistenz entsteht.
3. Jetzt kannst du die Eiscreme noch mit Leckereien deiner Wahl bestreuen und danach eiskalt genießen.

10–15 MINUTEN (+ 1 NACHT)

1 PORTION

JULIAS TIPP

Wenn du während des Mixens andere Zutaten wie Beeren, Matcha-Pulver oder Kakao hinzufügst, kannst du tolle Eissorten kreieren.

GEFRORENE JOGHURT-BEEREN

Eine süße Versuchung, von der man sich ruhig auch etwas mehr gönnen darf.

ZUTATEN:

1 BECHER GRIECHISCHER JOGHURT ODER SOJA-JOGHURT, UNGESÜSST

1 EL AGAVENDICKSAFT

BEEREN NACH WAHL, Z.B. ERDBEEREN, BLAU-BEEREN, HIMBEEREN ODER BROMBEEREN

5 MINUTEN (+ 1 STUNDE WARTEZEIT)

1 PORTION

SO WIRD'S GEMACHT:

1. Den Joghurt mit Agavendicksaft süßen.
2. Die Beeren mithilfe eines Zahnstochers in den Joghurt eintauchen und anschließend auf einen Teller setzen. Im Gefrierfach kühlen, bis die Beeren vollständig gefroren sind. Das dauert etwa 1 Stunde.

KOKOS-MANDEL-KUGELN

Der Our-Clean-Journey-Klassiker darf in unserem Kochbuch natürlich auf keinen Fall fehlen.

ZUTATEN:

10 G GEPOPPTER AMARANTH
50 G KOKOSFLOCKEN
40 G WEISSES MANDELMUS
1–2 EL AGAVENDICKSAFT
2 TROPFEN REINER VANILLEEXTRAKT
WEITERE KOKOSFLOCKEN ZUM WÄLZEN

10 MINUTEN
10 STÜCK

SO WIRD'S GEMACHT:

1. Alle Zutaten in einer Schüssel vermengen, bis die Masse klebrig genug ist, um sie zu kleinen Kugeln zu kneten. Bei Bedarf noch etwas Wasser oder Agavendicksaft beimengen.
2. Danach vorsichtig in den Händen zu einer Kugel kneten. Die Kugeln nicht rollen, da die Masse sonst nicht zusammenhält.
3. Die fertigen Kugeln zusammen mit den restlichen Kokosflocken in eine Aufbewahrungsbox legen, diese verschließen und vorsichtig schütteln, sodass die Kugeln alle gleichmäßig mit Kokos bedeckt sind.

HINWEIS

Die Kokos-Mandel-Kugeln im Kühlschrank aufbewahren.

GARNIERTE OFENBANANE

Frisch aus dem Ofen genießt du die Bananen am besten mit einer Kugel Eis und einem tollen Topping.

ZUTATEN:

1 BANANE

2 TL KAKAO-NIBS, ZARTBITTERSCHOKOLADE ODER GEHACKTE NÜSSE

SO WIRD'S GEMACHT:

1. Den Backofen auf 180 °C (Ober-/Unterhitze) vorheizen.
2. Die Banane mit der Schale der Länge nach halbieren. Kakao-Nibs, gehackte Zartbitterschokolade oder Nüsse auf den Hälften verteilen.
3. Die Banane etwa 10 Minuten backen. Wenn sich die Schale dunkel gefärbt hat, ist die Ofenbanane fertig.

CA. 15 MINUTEN

1 PORTION

LUISAS TIPP

Das Rezept funktioniert übrigens auch prima auf dem Grill.

OBSTSALAT MIT ORANGEN-CHIA-SIRUP

Der Obstsalat mit Twist. Mit diesem leckeren Sirup kannst du deinen Obstsalat ordentlich aufpeppen.

ZUTATEN:

FÜR DEN SIRUP:

2 ORANGEN

1 PRISE ZIMT

1 EL CHIA-SAMEN

2 EL AGAVENDICKSAFT

FÜR DEN OBSTSALAT:

1 BANANE

1 ORANGE

1 APFEL

1 KIWI

200 G WEINTRAUBEN

100 G ERDBEEREN

FRISCHE MINZBLÄTTER

CA. 10 MINUTEN

2 PORTIONEN

SO WIRD'S GEMACHT:

1. Die Orangen auspressen und mit Zimt, Chia-Samen und Agavendicksaft in einem Glas verrühren und zur Seite stellen.

2. Banane, Orange, Apfel und Kiwi schälen und in kleine Stückchen schneiden. Die restlichen Früchte waschen und ebenfalls klein schneiden.

3. Die Früchte in einer Schüssel mischen und mit dem Sirup übergießen. Zum Schluss mit frischer Minze garnieren.

APFEL-HASELNUSS-SCHEITERHAUFEN

Wir haben aus Omas Scheiterhaufen eine gesunde und trotzdem unwiderstehliche Variante gezaubert.

ZUTATEN:

- 4 ÄPFEL
- ½ TL ZIMT
- 1 EL KOKOSBLÜTENZUCKER
- 1 TL REINER VANILLE-EXTRAKT
- 1 EL KOKOSBLÜTENZUCKER
- 1 EL AGAVENDICKSAFT
- KOKOSÖL
- 4 EL GEMAHLENE HASELNÜSSE
- 1 EL ROSINEN
- 1 PRISE SALZ
- 4 EIWEISS

40 MINUTEN

4 PORTIONEN

SO WIRD'S GEMACHT:

1. Die Äpfel in grobe Stücke schneiden und in eine ofenfeste Auflaufform geben. Mit Zimt bestreuen. Ein paar Tropfen Vanilleextrakt und den Kokosblütenzucker darauf rieseln lassen.
2. Anschließend kleine Mengen Kokosöl auf den Äpfeln verteilen. Das Ganze mit den gemahlenen Mandeln und Rosinen bestreuen und gut durchmischen.
3. Den Backofen auf 180 °C (Umluft) vorheizen.
4. Das Eiweiß mit dem Agavendicksaft steifschlagen und vorsichtig über die Äpfel streichen.
5. Etwa 15 Minuten im Ofen goldbraun backen.

CLEAN-EATING-COOKIES

Dazu können wir euch nur eines sagen:
Ein Snack zum Verlieben!

ZUTATEN:

2 REIFE BANANEN

80 G ZARTE HAFERFLOCKEN

80 G GEMAHLENE MANDELN

2 EL AHORNSIRUP

1 EL MANDELMUS, NACH BELIEBEN

VARIANTEN:

20 G GETROCKNETE, UNGESÜSSTE CRANBERRIES UND 20 G GEHACKTE MANDELN

40 G KAKAO-NIBS

80 G GEMAHLENE HASELNÜSSE UND 2 EL UNGESÜSSTES KAKAOPULVER

CA. 20 MINUTEN

15–20 STÜCK

SO WIRD'S GEMACHT:

1. Den Backofen auf 180 °C (Umluft) vorheizen.
2. Die Bananen entweder mit einem Pürierstab oder einer Gabel zu Mus verarbeiten.
3. Nun die Haferflocken, die gemahlenen Mandeln, den Ahornsirup und das Mandelmus beimischen und gut verrühren. Wer mag, kann den Teig zusätzlich mit weiteren Zutaten (siehe Zutatenliste) verfeinern.
4. Ein Backblech mit Backpapier auslegen und mit einem Löffel aus dem Teig walnussgroße Kügelchen formen, auf das Backblech legen und mit einer Gabel auf etwa 1 cm plattdrücken. Lass dabei mindestens 10 cm Platz zwischen den einzelnen Kugeln.
5. Jetzt müssen die Cookies etwa 15 Minuten in den Backofen. Am besten zwischendurch immer wieder prüfen, ob sie schon fertig sind.
6. Nach dem Backen noch etwa 20 Minuten an der Luft auskühlen lassen, damit sie knusprig werden.

HERBSTLICHER KÜRBISKUCHEN

Wir können uns mittlerweile keinen Herbst mehr ohne Kürbiskuchen vorstellen.

ZUTATEN:

FÜR DEN BODEN:

75 ML (+ ETWAS MEHR ZUM EINFETTEN) GESCHMOLZENES KOKOSÖL

100 G GERIEBENE MANDELN

150 G VOLLKORNMEHL

200 ML UNGESÜSSTE MANDELMILCH

FÜR DIE FÜLLUNG:

300 G KÜRBIS

1 VANILLESCHOTE

4 EL AGAVENDICKSAFT

1–2 TL ZIMT

1 PRISE SALZ

3 EIWEISS

CA. 70 MINUTEN

1 KUCHEN

SO WIRD'S GEMACHT:

1. Den Backofen auf 210 °C (Umluft) vorheizen. Eine Kuchenform mit Kokosöl einfetten.
2. Alle Zutaten für den Boden zusammenmischen und mit einem Handrührgerät gut verkneten.
3. Auf einer glatten Oberfläche den Teig mit etwas Mehl zu einem 0,5–1 cm dicken Boden ausrollen, anschließend in die Kuchenform legen und mit den Händen auch an den Wänden entlang festdrücken. Nun den Boden im Backofen 15 Minuten vorbacken.
4. In der Zwischenzeit das Kürbispüree vorbereiten. Kürbis schälen, in kleine Stücke schneiden und etwa 10 Minuten in Wasser weich kochen. Anschließend pürieren.
5. Die Vanilleschote aufschneiden und das Mark herauskratzen. Dieses zusammen mit den restlichen Zutaten für die Füllung, bis auf das Eiweiß, vermengen. Das Eiweiß mit dem Mixer steif schlagen und vorsichtig unter die Füllung heben.
6. Wenn der Boden fertig gebacken ist, die Füllung darauf verteilen und den Kuchen bei 180 °C weitere 45 Minuten backen.

ROHER BEEREN-NUSS-KUCHEN

Ein No-Bake-Kuchen zum Dahinschmelzen.
Wer kann da schon Nein sagen? Muss man auch nicht!

ZUTATEN:

FÜR DIE KRUSTE:

100 G MANDELN

100 G DATTELN (CA. 5 STÜCK)

FÜR DIE FÜLLUNG:

250 G CASHEWNÜSSE

SAFT EINER ZITRONE

40 ML KOKOSÖL

1 TL REINER VANILLE-EXTRAKT

200 G BEEREN, TIEFGEKÜHLT

1 HANDVOLL FRISCHE BEEREN, NACH BELIEBEN

30 MINUTEN + 2 STUNDEN WARTEZEIT

1 KUCHEN

SO WIRD'S GEMACHT:

1. Die Cashewnüsse 4 Stunden in Wasser einweichen lassen.
2. Mandeln und Datteln für den Boden im Mixer zu einer festen Masse verarbeiten. In einer kleinen Kuchenform als Kuchenboden verteilen.
3. Für die Füllung das Wasser der Cashewnüsse abgießen und die Nüsse in den Mixer geben. Zitronensaft, Öl und Vanille dazugeben und alles gut durchmixen.
4. Zwei Drittel der Mischung auf den Kuchenboden geben und mit einem Löffel glätten.
5. Das restliche Drittel mit den tiefgekühlten Beeren mischen und über die erste Schicht geben. Glattstreichen, nach Belieben mit frischen Früchten garnieren und mindestens 2 Stunden in den Kühlschrank stellen.

BANANEN-BROWNIES

Ein sündenfreier Schokoladentraum, noch dazu glutenfrei! Und wer hätte gedacht, dass sich darin Bohnen verstecken?

ZUTATEN:

KIDNEY-BOHNEN AUS DER DOSE (ABTROPFGEWICHT 170 G)

50 ML MILCH DEINER WAHL

2 BANANEN

3 GROSSE BIO-EIER

3 EL KOKOSÖL

150 G KOKOSBLÜTENZUCKER

50 G UNGESÜSSTES KAKAOPULVER

50 G GEMAHLENE MANDELN

1 TL REINER VANILLEEXTRAKT ODER DAS MARK EINER VANILLESCHOTE

100 G ZARTBITTERSCHOKOLADE

60 MINUTEN (+ 1 NACHT ZUM EINWEICHEN)

12 STÜCK

SO WIRD'S GEMACHT:

1. Die Bohnen mit der Milch pürieren.
2. Den Backofen auf 180 °C (Umluft) vorheizen und eine mittelgroße Backform mit Backpapier auslegen.
3. Die Bohnen zusammen mit den geschälten Bananen zu einem cremigen Teig verarbeiten.
4. Eier und Kokosöl zu der Bohnenmasse hinzufügen, anschließend Kokosblütenzucker, Kakaopulver, Mandeln und die Vanille beimengen und alles gut vermischen. Die Zartbitterschokolade in kleine Stückchen hacken und unter die fertige Paste heben.
5. Die Masse in die Backform geben und 30–40 Minuten backen.

SÜSSES QUINOA

Das glutenfreie Pseudogetreide Quinoa schmeckt uns in allen möglichen Varianten. Auch dieses süße Dessert- oder Frühstücksgericht finden wir wirklich klasse.

ZUTATEN:

1 HALBE TASSE QUINOA
1 TASSE WASSER
1 APFEL
1–2 TL ZIMT
1 EL ROSINEN
1–2 TL AGAVENDICKSAFT, NACH BELIEBEN

SO WIRD'S GEMACHT:

1. Quinoa über einem Sieb mit kaltem Wasser abschwemmen.
2. 1 Tasse Wasser in einem Topf zum Kochen bringen und die Quinoa-Körner dazugeben. Nun auf mittlere Hitze zurückschalten, den Topf zudecken und weiterkochen lassen (etwa 10–13 Minuten).
3. In der Zwischenzeit den Apfel schälen, klein schneiden und gemeinsam mit dem Zimt und den Rosinen zum Quinoa geben.
4. Bis das gesamte Wasser verkocht ist, immer wieder gut durchrühren. Auf einem Teller anrichten, nach Belieben mit Agavendicksaft süßen und genießen!

CA. 20 MINUTEN
1 PORTION

GETRÄNKE

INFUSED WATER

Wasser trinken muss nicht langweilig sein, das beweisen unsere fruchtigen Infused-Water-Kreationen. Hier darfst du deiner Kreativität freien Lauf lassen!

ZUTATEN:

WASSER, STILL ODER MIT KOHLENSÄURE

FRÜCHTE UND KRÄUTER, Z.B. FOLGENDE KOMBINATIONEN

GRAPEFRUIT, ROSMARIN UND INGWER

GURKE, ORANGE UND MINZBLÄTTER

ERDBEERE, ZITRONE UND ZITRONENMELISSE

WASSERMELONE, BASILIKUM UND LIMETTE

WICHTIG:
NUR ZITRUSFRÜCHTE MIT UNBEHANDELTER SCHALE VERWENDEN!

1,5–2 STUNDEN

1 PORTION

SO WIRD'S GEMACHT:

1. Früchte und Kräuter waschen, gegebenenfalls schälen und in Stücke oder Scheiben schneiden. In ein Glas schichten und mit Wasser auffüllen.

2. Das Infused Water 1–2 Stunden in den Kühlschrank stellen, damit das Wasser den Geschmack der Früchte und Kräuter annimmt. Am besten eiskalt genießen!

LUISAS TIPP

Die perfekte Erfrischung für heiße Sommertage!

SCHOKO-ERDNUSSBUTTER-MILCHSHAKE

Milchshakes sind ein super Snack zwischen Mittag- und Abendessen, denn sie sind lecker und halten uns satt.

ZUTATEN:

1 REIFE BANANE

2 EL UNGESÜSSTES KAKAOPULVER

2 EL ERDNUSSMUS

400 ML MILCH DEINER WAHL

1 EL AGAVENDICKSAFT ZUM SÜSSEN

CA. 5 MINUTEN

2 GLÄSER

SO WIRD'S GEMACHT:

1. Die Banane schälen und in Stücke schneiden.
2. Alle Zutaten in einem Mixer verarbeiten, bis eine schöne cremige Masse entsteht.

MATCHA LATTE

Macht fit wie Kaffee, ist aber viel gesünder.

ZUTATEN:

½ TL MATCHA-PULVER
50 ML HEISSES WASSER
200 ML MILCH DEINER WAHL
1 EL AGAVENDICKSAFT ODER KOKOSBLÜTENZUCKER

CA. 5 MINUTEN
1 TASSE

SO WIRD'S GEMACHT:

1. Das Matcha-Pulver in eine Tasse geben, mit dem heißen Wasser aufgießen und mithilfe eines Schneebesen gut verrühren.
2. Die Milch hinzugeben und nach Wunsch mit Agavendicksaft oder Kokosblütenzucker süßen.

HEISSE SCHOKOLADE

Unsere cleane Schoki-Variante!

ZUTATEN:

1 TASSE MILCH DEINER WAHL
1 STÜCK ZARTBITTERSCHOKOLADE
1 PRISE ZIMT

CA. 5 MINUTEN
1 TASSE

SO WIRD'S GEMACHT:

1. Die Milch in einem Topf am Herd oder direkt in der Tasse in der Mikrowelle erhitzen.
2. Ein Stück Schokolade und 1 Prise Zimt dazugeben, umrühren und genießen!

WASSERMELONEN-HIMBEER-BOWLE

Mit dieser erfrischenden alkoholfreien Bowle kann der Sommer kommen!

ZUTATEN:

- 1 WASSERMELONE (CA. 2 KG)
- 150 G HIMBEEREN, FRISCH ODER TIEFGEKÜHLT
- 2 BIO-LIMETTEN
- 1 KLEINER BUND MINZE
- 1 L EISKALTES MINERALWASSER
- EISWÜRFEL

10 MINUTEN

4 GLÄSER

SO WIRD'S GEMACHT:

1. Wassermelone vierteln und Kerne entfernen. Aus dem Fruchtfleisch etwa 2 x 2 cm große Stücke schneiden und in ein großes Gefäß geben.
2. Die Limetten heiß abspülen und mit einem Schäler oder einem scharfen Messer vorsichtig dünne Scheiben der Schale abschälen. Den Rest der Limetten halbieren, auspressen und den Saft ebenfalls in das Gefäß geben.
3. Die Himbeeren dazugeben und das Gefäß mit Mineralwasser aufgießen. Ein paar Eiswürfel zufügen und mit Limettenschale und Minze garnieren.

ZITRONEN-INGWER-EISTEE

Egal, ob am Strand, im Park oder nachmittags im Büro – ein Eistee sorgt an heißen Sommertagen für Abkühlung!

ZUTATEN:

4–5 CM LANGES STÜCK FRISCHER INGWER
2 BIO-ZITRONEN
1 L WASSER
EISWÜRFEL

SO WIRD'S GEMACHT:

1. Den Ingwer in dünne Scheiben schneiden und die Schale einer heiß gewaschenen Zitrone abreiben.
2. 1 l Wasser in einem Topf aufkochen und Ingwerscheiben und Zitronenschale dazugeben.
3. Den „Ingwertee" etwa 10 Minuten ziehen lassen, dann die Ingwer- und Zitronenstücke abseihen und den Tee ½ Stunde abkühlen lassen.
4. In der Zwischenzeit beide Zitronen auspressen. Wenn der Tee vollständig abgekühlt ist, Zitronensaft und Eiswürfel hinzufügen.

15 MIN + ½ STUNDE ABKÜHLZEIT
1-LITER-KARAFFE

LUISAS TIPP

Probiert mal gefüllte Eiswürfel aus! Einfach Minze, Lavendel, essbare Blüten oder Beeren zusammen mit Wasser in die Form füllen und ab ins Gefrierfach!

SACHREGISTER

REZEPTREGISTER

ÜBER DIE AUTORINNEN

Konnten dich Julia und Luisa mit dem Thema Clean Eating, ihrem Sportprogramm und den leckeren Rezepten begeistern? Dann schau doch mal auf ihrer Webseite **www.ourcleanjourney.de** vorbei. Dort posten sie wöchentlich mehrere Beiträge für ihre Leser, welche sich alle um das Thema gesunder Lebensstil drehen.

Ihre große Leserschaft, die OCJ-Community, unterstützt dich gerne und hilft dir, Antworten auf deine Fragen zu finden oder aus einem Motivationsloch zu kommen.

Mit ihrem persönlichen Blog und den dazugehörigen Social-Media-Kanälen konnten sie schon tausende davon begeistern, einen gesünderen Lebensstil einzuschlagen. Das zahlreiche positive Feedback hat sie bestärkt, weiterzumachen und den Schritt zu ihrem ersten gedruckten Buch zu wagen.

DANKSAGUNG

Wir bedanken uns bei allen Menschen, die uns auf unserem Weg begleitet haben. Vor allem bei unseren Lesern, die seit den Anfängen immer hinter uns standen und unsere Entwicklung miterlebt haben.

Ein besonderer Dank gilt Sophie Forster, die maßgebend an der Entstehung dieses Buchs beteiligt war. Deine leidenschaftliche Arbeit für uns hat die Inhalte dieses Buchs geprägt und uns geholfen, unsere zahlreichen Ideen in Worte zu fassen.

CMA CGM

IMPRESSUM

Bibliografische Information der Deutschen Bibliothek.
Die Deutsche Bibliothek verzeichnet diese Publikation in der deutschen Nationalbibliografie.

Detaillierte bibliografische Daten sind im Internet über http://www.d-nb.de/ abrufbar.

EIN BUCH DER EDITION MICHAEL FISCHER

1. Auflage 2015

Produktmanagement und Redaktion: Annika Christof
Foodfotografie: Nadja Buchczik, Bielefeld: S. 11, 14, 19 und alle Foodfotos
Koch und Foodstylist: Anton Enns, Bielefeld
Fotografie: Oliver Reetz, Hamburg, S. 2, 3, 6, 8, 9, 13, 16, 21, 22, 24, 27, 34, 39, 42, 44, 45, 175, Cover
Fotografie Plakat: Lisa-Maria Trauer, Wien
Layout: Claudia Eder, Augsburg, Silvia Keller
Covergestaltung: Silvia Keller
Plakatgestaltung: John Curran

ISBN 978-3-86355-371-5

Printed in Slovakia

www.emf-verlag.de